Edith R. Farrell

C. Frederick Farrell, Jr.

LADO A LADO

Gramática inglesa y española

GRAMÁTICA INGLESA

GRAMÁTICA ESPAÑOLA

Carmen Ana Pont-Cudell
Asesora y traductora

PASSPORT BOOKS
a division of NTC/CONTEMPORARY PUBLISHING GROUP
Lincolnwood, Illinois USA

En memoria de mi querida esposa y colega con quien he trabajado lado a lado en los tomos de esta serie.

C. Frederick Farrell, Jr.

NOTA DE AGRADECIMIENTO

Quisiéramos darles las gracias aquí a todos nuestros colegas de la Universidad de Minnesota, Morris, quienes leyeron las primeras versiones de los otros volúmenes de esta misma serie. Extendemos nuestro agradecimiento además, al programa de Desarrollo Educativo de la Universidad de Minnesota que financió los estudios preliminares en los que se basa esta serie.

DEDICATORIA

A los estudiantes del programa ESL de la Universidad de Minnesota, Morris, quienes nos iniciaron al inglés como segundo idioma.

3 OPM 07

Índice / Table of Contents

PREFACIO

Lado a lado Gramática inglesa y española presenta los elementos esenciales de la gramática inglesa "lado a lado" de sus equivalentes gramaticales en español. Este enfoque comparativo o de contraste, le permite al estudiante continuar el desarrollo de sus conocimientos gramaticales del inglés a partir de lo que ya sabe. Al darse cuenta de las semejanzas que existen entre el español y el inglés, podrá identificar de antemano posibles áreas de dificultad para así evitarlas satisfactoriamente.

Lado a lado Gramática inglesa y española sigue el modelo de sus antecesores en sus versiones de francés/inglés y español/inglés que se han utilizado tanto en clases de francés y de español como a veces en clases de inglés a nivel de secundaria y a nivel universitario. En la mayoría de los casos su vocabulario se limita a las 1.500 palabras más usadas. De esta manera, el estudiante puede concentrarse en su estudio de la estructura de la lengua sin detenerse a causa de problemas de vocabulario.

Los libros de la serie *Side by Side (Lado a lado)* se han utilizado de las siguientes maneras:

1. como libros de referencia para el estudiante de lenguas a nivel elemental, para quien los estudios tradicionales resultan demasiado complejos para serle de alguna utilidad. Su claridad fomenta la investigación independiente del estudiante.

2. como un repaso de material olvidado durante las vacaciones o como repaso de material que el estudiante no pudo cubrir por razones de enfermedad.

3. como una manera de ayudar al estudiante que cambia de escuela y necesita ponerse al día en una clase nueva.

4. como una manera de organizar y de resumir el material presentado en el libro que sirve de fuente primaria a una clase. La colección es especialmente útil para aquellos estudiantes cuyo estilo de aprendizaje los hace que prefieran una presentación metódica.

5. como un punto común de información que les permite a estudiantes con bagajes lingüísticos diversos hablar sobre el inglés y a la vez aprender algo acerca de la mecánica del lenguaje —una de las expectativas de muchos programas a nivel universitario que tienen el estudio de lenguas extranjeras como requisito.

6. como una fuente alternativa de información para explicar puntos gramaticales, tanto en español como en inglés, para así aliviar la carga del profesor en el aula.

Las características distintivas de este libro que pueden ser de gran utilidad para profesores y estudiantes incluyen:

1. un formato estándar en cada sección que presenta cada parte de la oración y que contesta las preguntas más frecuentes que se hacen acerca de ella.

2. "Tablas de verificación rápida" marcadas con el símbolo "✔", que le permiten al estudiante escribir y expresarse con más confianza, ya que puede comparar sus propias construcciones gramaticales con una oración modelo.

3. apéndices que identifican y resumen áreas de dificultad como las partes principales de los verbos irregulares, los verbos con partícula(s) y la sintaxis.

Esperamos que este libro contribuya a adaptar el material estudiado a estilos de aprendizaje y a situaciones diferentes y que estimule a profesores y estudiantes a continuar su estudio independiente de la lengua.

EDITH R. FARRELL & C. FREDERICK FARRELL, JR.
Universidad de Minnesota, Morris

INTRODUCCIÓN

AL ESTUDIANTE

Este manual surgió de una serie de apéndices que escribimos para un texto de gramática. Su propósito es el de ayudarle a aprender el inglés de una manera más fácil.

Muchos estudiantes han tenido problemas al estudiar una segunda lengua porque no han podido mirar ni con suficiente cuidado, ni con mucho ojo crítico, su propio idioma. Los problemas de aprendizaje que tuvimos con nuestra lengua nativa surgieron a una edad tan temprana, que poco a poco se nos olvidó que en ese proceso tuvimos momentos de gran dificultad. El idioma nos parece algo tan natural ahora, que resulta difícil el tener que adaptarse otra vez a nuevos modos de expresar ideas.

Todo se ha clasificado y organizado aquí para mostrarle su propio idioma y el idioma que estudia "lado a lado". Se sorprenderá del número de cosas que se hacen de la misma manera en ambos.

La información que es igual en español y en inglés, en la mayoría de los casos, **no** se repite en las páginas que están frente a frente. Si usted encuentra que se ha omitido una sección en la parte de inglés que está a su derecha, búsquela a la izquierda en la parte de español. Si el significado en español de un ejemplo del inglés no aparece exactamente después de éste, entonces por lo general, ese ejemplo se encontrará en la página izquierda también.

¿POR QUÉ ESTUDIAR GRAMÁTICA?

La gente puede hablar, leer o escribir su lengua nativa hasta alcanzar por lo menos un nivel razonable, sin tener que estudiar la gramática (las reglas que rigen nuestra manera de decir, de cambiar y de organizar las palabras con el fin de expresar nuestras ideas) de una manera formal. El estar rodeados de otros hablantes y el escuchar miles de ejemplos,

son suficientes para que hagamos nuestros los modelos lingüísticos que oímos. Hasta los bebés comienzan a hablar con estructuras correctas y básicas del habla (sujeto-verbo-complemento) aunque a veces las palabras que usen sean incorrectas o insuficientes.

Sin embargo, conocer la gramática ayuda muchísimo cuando ponemos a prueba palabras, estructuras lingüísticas más complejas o nuevas o cuando analizamos nuestros escritos y descubrimos que una oración nos ha salido mal y que hay maneras de hacerla más eficaz. El que nos diga que algo "suena bien (o mal)" a veces no nos ayuda en nada.

Todas las explicaciones que damos en este libro provienen del español y del inglés estándar. A veces podemos pensar "¡Yo no digo eso!" La palabra importante aquí es "decir". A menudo ignoramos algunas reglas en la conversación—y hasta en la escritura informal, como, por ejemplo, en las cartas para amigos. Otras veces, sin embargo, si estamos escribiendo una carta importante, o dando un discurso, preferiremos utilizar la forma estándar para causar la mejor impresión posible. (Usted se dará cuenta de que la gramática podrá ayudarle también a comunicarse en su propia lengua.)

Cuando aprendemos una segunda lengua, la gramática es necesaria porque nos dice cómo escoger la palabra correcta—o la forma correcta de una palabra que utilizamos por primera vez. No fue así que adquirimos nuestra lengua nativa cuando éramos niños; sin embargo, para los adultos que quieren expresar ideas de un cierto nivel de complejidad y que se preocupan por no cometer más errores de los absolutamente necesarios, la gramática constituye una manera eficaz de aprender otro idioma.

La gramática nos permite ahorrar tiempo y evitar errores al ayudarnos a escoger formas acertadas de expresión dentro de todas las posibilidades que ofrece la lengua.

CAPÍTULO UNO

PRESENTACIÓN DE

LOS DOS IDIOMAS

Breve historia del español

El español es una de las lenguas romances que, como el francés, el italiano y otras, tienen su origen en el latín. Aunque existen diferencias de vocabulario y de pronunciación entre el español que se habla en España, en Hispanoamérica y en otras partes del mundo, lo que llamamos español hoy proviene del castellano, el dialecto de un lugar histórico: la provincia española de Castilla. Por esta razón, muchos hispanohablantes se refieren al idioma español como *el castellano*.

Cuando los romanos invadieron la Península Ibérica en los siglos II y I a. de J. C., se encontraron allí con gente que hablaba idiomas diferentes. Cuando los colonizados trataron de aprender el latín de los soldados romanos, empezaron a pronunciar las palabras de una manera un poquito diferente porque seguían usando los sonidos a los que estaban acostumbrados en su propio idioma. Además conservaron otros elementos importantes provenientes de su propia lengua, especialmente vocabulario. Otra gente, como la del norte de Italia y la de Galia (hoy Francia), hizo lo mismo.

Esto continuó hasta que el "latín" de estos países se desarrolló hasta el punto de convertirse en lenguas diferentes, a pesar de mantener su origen común. Ahora, aunque pueda adivinar el significado de algunas palabras y hasta el uso de ciertas formas gramaticales y de ciertas reglas, un hispanohablante no puede ser del todo comprendido por un francófono (persona que habla francés) o viceversa.

A principios del siglo XVI, el latín clásico le proporcionó al español una vasta reserva de vocabulario. Esta reserva permitió que el español se usara como lenguaje erudito y literario.

Después de los romanos, los visigodos y otros invasores, las tribus germánicas entraron en la Península Ibérica. Otra de las primeras influencias que tuvo el español vino de los moros que hablaban árabe y que invadieron España en el año 711 y se establecieron en una gran parte de su territorio hasta que se completó la Reconquista en 1492 y los cristianos reclamaron el territorio. Ese mismo año, árabes y judíos fueron expulsados de España y Cristóbal Colón llegó a lo que se convertiría en América. Los moros dejaron a su paso una influencia que perduraría en muchos aspectos de la cultura española: en la arquitectura, en la música y el baile. Además encontramos la influencia del árabe en palabras como *álgebra, alfombra* y *ojalá*.

El sistema fonético del español evolucionó de manera considerable también. Los italianismos se incorporaron al español, como a otras lenguas europeas durante el Renacimiento. La monarquía francesa ejerció una gran influencia en la España del siglo XVIII, lo que tuvo como resultado el que en algunos círculos se hablara de una forma exageradamente refinada que imitaba el francés. El siglo XIX también hizo sus contribuciones y causó cambios en la lengua. Cuando la Revolución Industrial estaba en su auge, el vocabulario del español se adaptó para incluir el mundo que había creado.

Todas las lenguas cambian y la tendencia general es a ir sufriendo cada vez menos cambios. Las distinciones que parecen innecesarias o muy difíciles de conservar caen en desuso. Cada lengua abandona algo diferente. Por ejemplo, en latín y en otras lenguas más antiguas, cada nombre o sustantivo tenía género, número y caso (lo que decía cuál era su función y cómo iba a usarse en la oración). El alemán todavía conserva los tres.

Además, el latín tenía más de una "declinación" para cada sustantivo (como hoy tenemos los verbos que se terminan en "-ar", "-er" o "-ir"). Los sustantivos masculinos y los neutros tenían sus propias declinaciones y terminaciones, mientras que los adjetivos tenían todas estas formas y además sus propias terminaciones. Hoy el español todavía mantiene el género gramatical en los nombres, pero éste solamente tiene una forma singular y otra plural. La sintaxis y las preposiciones se encargan de indicarnos cuáles son las funciones del nombre en la oración. Los pronombres sí poseen el caso (como *yo* y *me*). Como hemos notado, cada lengua pone el énfasis en algo diferente.

Breve historia del inglés

L o que conocemos hoy como Inglaterra fue poblado en los siglos V y VI d. de J. C. por tribus germánicas, como los anglos, los sajones y los jutos, quienes hablaban cada cual su propio dialecto que guardaba semejanzas con los demás. En el siglo IX, invasores escandinavos llegaron trayendo sus idiomas, lo que contribuyó también a la evolución del inglés. El poder político determinó cuáles serían los centros de enseñanza que contendrían la literatura de todo el continente europeo, escrita en latín, además de las contribuciones hechas por los habitantes de Gran Bretaña. Para el siglo IX, el principal centro de enseñanza fue Wessex, como resultado de las invasiones de los vikingos del norte. Fue así que el dialecto sajón occidental se convirtió en el inglés antiguo estándar. Éste tenía muchísimas desinencias, con terminaciones que se le insertaban a los nombres para indicar su función (el caso) y a los verbos para indicar el tiempo de la acción y la persona que la hacía.

Ésta era la lengua común en 1066, cuando Guillermo el Conquistador, de la provincia de Normandía, en lo que es hoy Francia, ganó la batalla de Hastings y se convirtió en el soberano de Inglaterra. La gente del país no sabía francés; Guillermo y sus seguidores no hablaban el inglés antiguo. Por mucho tiempo cada grupo se mantuvo hablando su propio idioma, pero poco a poco esos idiomas se fueron confundiendo. Como el grupo gobernante hablaba francés, encontramos que a menudo las palabras que se refieren al trabajo, a la casa y a las cosas más sencillas vienen del inglés antiguo mientras que las palabras que se refieren al ocio o al arte vienen del francés.

Wamba, el bufón de la novela histórica *Ivanhoe,* de Sir Walter Scott, hizo un chiste acerca de esto, al decir que mientras los campesinos se ocupaban de las vacas y de los cerdos (*cows* y *pigs*) estos animales se consideraban anglosajones. Pero que ya cuando estaban listos para uno comérselos, se transformaban en animales franceses (*beef* y *pork*).

De la misma manera, la palabra *house* (casa) parece y suena como la palabra alemana *Haus,* pero la palabra *mansion* (mansión) viene del francés *maison.* A menudo hay varias palabras con significados parecidos. La más "elegante" por lo general tiene origen francés. Por ejemplo, para decir *give* (dar) existe también la palabra *donate,* que se parece a la palabra francesa *donner* y para decir *mean,* (significar) existe también la palabra *signify,* que viene del francés *signifier.*

El latín, que continuó siendo el lenguaje de la iglesia y por esta razón el lenguaje del conocimiento por lo general en toda Europa, también tuvo su influencia en el inglés. Cerca del año 1500, aproximadamente un 25% del vocabulario latino conocido se incorporó al inglés. Por consiguiente, el inglés es básicamente una lengua germánica, pero es una lengua germánica a la que se incorporaron una gran parte de palabras latinas y francesas.

Como el latín les dio su origen tanto al francés como al español y continuó ejerciendo una influencia en los dos idiomas por muchos siglos, encontraremos que algunas palabras inglesas con raíces francesas o latinas tienen cognados en español. Compare los siguientes ejemplos:

Raíz germánica (común)	**Raíz francesa** (elegante)	**Raíz latina** (erudita)
ask (preguntar)	*question*	*interrogate*
goodness (bondad)	*virtue*	*probity*
better (mejorar)	*improve*	*ameliorate*
rider (jinete)	*cavalier*	*equestrian*

Hoy se reconoce el inglés como una lengua internacional y sabemos que como tal, deja su huella en otras culturas. El hecho de que Hispanoamérica esté tan cerca de los Estados Unidos y el que haya cada vez un número más grande de hispanos en este país, le han conferido, sin embargo, una importancia cada vez mayor al español aquí. Algunas palabras de origen español se han hecho palabras de uso común en los Estados Unidos. Por ejemplo, palabras como *tango, taco, hacienda* y *barrio* son utilizadas comúnmente por los norteamericanos. Sin embargo, no debemos olvidar que estas palabras pueden adquirir un significado más limitado y a veces hasta un significado completamente diferente del que tenían originalmente en español.

Una de las maneras en que el inglés se ha separado de sus raíces germánicas ha sido por cuestiones de desinencia. Los nombres alemanes, por ejemplo, todavía tienen género, número y caso.

(continúa en la pág. 6)

Breve historia
del inglés
(continuación)

En inglés, le prestamos muy poca atención al género gramatical, pero los nombres tienen todavía número (singular y plural) y un caso adicional (el genitivo), mientras que los pronombres también tienen un caso acusativo. Los otros casos se expresan por medio de la sintaxis y de las preposiciones. Encontraremos otros ejemplos de ocasiones en que el español y el inglés pondrán el énfasis en cosas diferentes.

Comparar lenguas es interesante porque nos muestra lo que gente diferente considera importante. Consideremos un sustantivo en las lenguas germánicas:

caso	alemán moderno		inglés antiguo		inglés moderno	
nominativo	der König	die Könige	se cyning	tha cyningas	the king	the kings
genitivo	des König	der Könige	thœs cyning	thara cyninga	the king's	the kings'
dativo	dem König	den Königen	thaem cyninge	thæm cyningum	to the king	to the kings
acusativo	den König	die Könige	thone cyning	tha cyningas	the king	the kings

En inglés, los verbos tienen menos terminaciones que en alemán o que en cualquier lengua romance.

latín		español moderno		inglés	
habeo	habemus	he	hemos	I have	we have
habes	habetis	has	habéis	you have	you have
habet	habent	ha	han	he has	they have

Notaremos que existen diferencias. Tanto en latín como en español, las terminaciones tienen características tan distintivas que no es necesario mencionar el sujeto del verbo. Creemos que la "h" latina se pronunciaba, pero sabemos que en la mayoría de las lenguas romances, como en el español y el francés, la "h" no se pronuncia. Los sonidos "v" y "b" son muy parecidos y pueden cambiar de posición fácilmente. En español estos sonidos son idénticos.

De todas las lenguas que hemos visto aquí, el inglés moderno es el que menos desinencias toma.

CAPÍTULO DOS

PARTES DE

LA ORACIÓN

PARTES DE LA ORACIÓN

Todas las palabras del español y del inglés se clasifican bajo las diferentes **partes de la oración**. Usted probablemente las estudió en primaria sin comprender entonces para qué servían.

Las partes de la oración son importantes porque a cada categoría se le aplican reglas diferentes. En nuestra propia lengua, hacemos esto de manera natural, a menos que se trate de una palabra nueva. Sabemos cómo decir *un caballo, dos caballos* y que hay que ponerle una "s" a la palabra para darle su forma plural. No tratamos de aplicarles una regla para sustantivos a los verbos para decir: *(yo) soy, (nosotros) "soys"*. Lo que decimos es *somos* en realidad. El usar un conjunto de reglas equivocado a veces les ocurre a personas que comienzan a estudiar otro idioma, porque en el nuevo idioma todas las formas son nuevas y ninguna "suena mal". Para evitar este tipo de error, préstele atención a la categoría a la que pertenece cada palabra nueva que aprenda.

Las partes de la oración nos ayudan a identificar palabras de manera que si una de ellas se utiliza de varias formas (y esto ocurre tanto en español como en inglés), podamos encontrar su equivalente.

Por ejemplo, en español, la palabra *que* puede ser:

1. una conjunción: Sé **que** María viene. (*I know **that** Mary is coming.*)

2. un pronombre relativo: El regalo **que** me diste me gustó mucho. (*I liked very much the gift **that** you gave me.*)

En inglés *that* puede ser:
1. una conjunción: *I know **that** Mary is coming.* (... **que** María viene.)

2. un adjetivo demostrativo: ***That** person is impossible.* (**Esa** persona...)

3. un pronombre: *I didn't know **that**.* ([Yo] no sabía **eso**.)

Cuando se conocen las diferentes partes de la oración, el hecho de que una palabra se use de varias maneras en español, no será motivo suficiente para que escojamos la palabra incorrecta en inglés.

Aquí presentamos una lista de las diferentes partes de la oración. Los términos se definen a partir de su descripción tradicional, de la forma que los identifica y de su función (la manera que prefieren los lingüistas modernos para estudiar las partes de la oración).

LOS NOMBRES O SUSTANTIVOS

1. Palabras que se refieren a personas, animales, cosas, lugares e ideas abstractas:
   Juan, hombre, ruiseñor, mesa, Madrid, justicia
   John, man, nightingale, table, Madrid, justice

2. Palabras que por lo general forman su plural cuando les añadimos una "s" (o, como en inglés, de otras maneras):
   libro(s); zorra(s); niño(s)
   book, books; fox, foxes; child, children

3. Palabras que sirven de sujeto, complemento (directo o indirecto) o complemento preposicional:
   Juan está aquí. Él lee el **libro.** El regalo es para **Carla.**
   John** is here. He reads the **book.** The gift is for **Carla.

LOS PRONOMBRES

1. Palabras que sustituyen a los nombres:
   Juan ya está aquí. ¿**Lo** ves (= Juan)?
   *John is already here, do you see **him** (John)?*

2. En inglés, palabras que se utilizan cuando no hay un sustantivo disponible:

***They** say . . .*	Dicen que... / Se dice que...
***You** never know.*	Uno nunca sabe.
***It** is cold.*	Hace frío.

3. Palabras que tienen la misma función que los nombres:
   Él está aquí. **Él la** quiere. Ahí está **ella**.
   He is here. He loves her. There she is.

LOS ADJETIVOS

1. Palabras que modifican, limitan o califican a un nombre o pronombre:
   una caja **grande;** un estudiante **serio;** ella es **inteligente**
   *a **large** box; a **serious** student; she is **intelligent***

2. Palabras que van precedidas de otras como *more* y *most* o en inglés particularmente, de palabras que toman desinencias (que cambian de forma) o que se usan para comparar:
   serio, más serio, el (lo[s]…, etc.) más serio(s)
   serious, more serious, most serious
   grande, más grande, el/la/los/las más grande(s)
   large, larger, largest

LOS VERBOS

1. Palabras que expresan acción o existencia:
   hablar, aprender, correr, ser/estar, tener, parecer
   to speak, to learn, to run, to be, to have, to seem

2. Palabras que pueden tomar desinencias (sufrir cambios) para

la persona:	soy, es *(I am, he is)*
el tiempo:	(Yo) canto. (Yo) canté.
	(I sing, I sang)
la voz:	(Yo) escribo. Eso está escrito por mí.
	I write. It is written by me.
el modo:	Estoy contento que estés aquí. Estás aquí.
	I am happy that you are here. You are here.

LOS ADVERBIOS

1. Palabras que modifican verbos, adjetivos u otros adverbios al decir cómo, cuándo, dónde o cuánto:
   Vamos a venir **pronto.** Es **realmente** grande. Lo hacen **muy** bien.
   *We'll come **soon.** It's **really** big. They do it **very** well.*

2. Palabras que sirven para comparar verbos (como los adjetivos sirven para comparar sustantivos):
   rápidamente, más rápidamente, el (lo[s]… , etc.) que más rápidamente…
   rapidly, more rapidly, most rapidly
   pronto, más pronto, el (lo[s]) que más pronto…
   soon, sooner, soonest
   Ellos se mueven **más rápidamente** que yo. Llegamos **más pronto** que ellos.
   *They move **more rapidly** than I. We arrived **sooner** than they.*

LAS PREPOSICIONES

1. Palabras que expresan lugar, tiempo y otras circunstancias y que muestran además la relación que existe entre dos partes de una misma oración:
   a, para/por, en, de, sobre
   to, for, in/at, of, on

2. Palabras que no toman desinencias (que nunca cambian de forma).

3. Palabras que tienen un nombre, una locución nominal o un pronombre como complemento:
   para Pedro, **con** mi maestro(a), **sobre** eso
   ***for** Peter, **with** my teacher, **on** that*
   A estos grupos se les llama **locuciones preposicionales.**

LAS CONJUNCIONES

1. Conjunciones coordinantes: y, pero, etc. (*and, but,* etc.), son palabras que unen locuciones u oraciones equivalentes desde un punto de vista gramatical.
   Juan **y** María (*John **and** Mary*)

2. Conjunciones subordinantes: porque, si, cuando, etc. (*because, if, when,* etc.), unen oraciones subordinadas a la oración principal.
   Cuando lo veas, me creerás.
   ***When** you see it, you will believe me.*

LAS INTERJECCIONES

1. Exclamaciones:
   ¡Eh! ¡Ah! ¡Ay! ¡Hola! ¡Caramba!
   Hey! Wow! Alas! Hello! Oh, my!

2. Palabras que pueden usarse independientemente o en oraciones:
   ¡Ay caray, Roberto, no me digas! ¿Es verdad?
   ***Darn! Oh** Robert, is it true?*

CAPÍTULO TRES

SUSTANTIVOS

Presentación del sustantivo o nombre en español

¿QUÉ ES UN SUSTANTIVO O NOMBRE? Véase la definición en la pág. 8.

¿QUÉ FORMAS TIENE?

A menudo los determinantes preceden a los nombres. Véase la pág. 18.

> **un** libro, **el** libro, **mi** libro, **dos** libros

Los nombres por lo general tienen el **género** y el **número** como características. A diferencia del inglés, el **caso** no los caracteriza.

El género. En español todo nombre es masculino o femenino. Los determinantes y adjetivos que lo acompañan tienen que llevar su mismo género.

El número. En español, a los nombres que se terminan en una vocal se les añade una "-s" para crear la forma plural que les corresponde. Esta forma requiere un artículo en la forma plural también: *los* o *las*. A los nombres que se terminan en consonante se les añade "-es" para crear su respectiva forma plural.

Los apellidos no tienen ninguna forma plural regular. Si un apellido termina en "s" o "z", no sufre ningún cambio, p. ej., los Rodríguez. Sin embargo, cuando un apellido termina en una vocal sobre la cual no recae la fuerza de pronunciación, a veces éste se cambia a la forma plural (los Castros) pero, por lo general, no se hace.

La ausencia de casos. Los sustantivos nunca sufren cambios de caso en español. Cuando es necesario, la posesión se expresa con la preposición *de* (y un artículo, si es necesario).

> el libro **de** María, las teorías **de** Kant, las páginas **del** libro, las páginas **de los** libros

(continúa en la pág. 14)

Presentación del sustantivo o nombre en inglés

¿QUÉ ES UN SUSTANTIVO O NOMBRE? Véase la definición en la pág. 8.

¿QUÉ FORMAS TIENE?

A menudo los determinantes preceden a los nombres. Véase la pág. 18.

> *a book,* ***the*** *book,* ***my*** *book,* ***two*** *books*

Los nombres por lo general tienen como características el **género,** el **número** y el **caso.**

El género. Se usa el género masculino o femenino para designar lo que es realmente masculino o femenino:

> *man, woman, tigress* (hombre, mujer, tigresa)

Además, aunque no es muy común, se utiliza el género para designar lo que se imagina como masculino o femenino:

> *a ship, a car (Look at my new car. Isn't she a beauty?)*
> un barco, un coche (Mira mi coche nuevo. ¿No es una belleza?)

El resto de los nombres es neutro.

El género de los sustantivos en inglés no es muy importante, excepto en los casos en que existen dos formas diferentes (la masculina y la femenina) para designar un mismo nombre: *actor* (actor), *actress* (actriz) (se ha de notar que estos casos se hacen cada vez más raros). Otra excepción la encontramos en casos en que los pronombres sustituyen a los nombres: *he, she, it.*

> **NOTA:** Los determinantes y los adjetivos no sufren ningún cambio para marcar el "género":
>
> *the tall boy, the tall girl; an aunt, an uncle*
> el niño alto, la niña alta; una tía, un tío

El número. A la mayoría de los nombres se les añade *"-s"* o *"-es"* a la forma singular para crear su equivalente plural. La terminación *"-es"* se usa para las palabras que se terminan con el sonido "s" o "ch": *mass* (masa), *masses; watch* (reloj), *watches.*

> Algunos nombres tienen formas plurales irregulares:
>
> *mouse* (ratón), *mice; man* (hombre), *men; child* (niño), *children*
>
> En inglés un nombre propio puede tener su forma plural:
>
> *There are three Marios in this class.*
> Hay tres Marios en esta clase.
>
> *The Smiths live in that house.*
> Los Smith viven (o toda la familia vive) en esa casa.

El caso. Además del género y número, hay un caso más en inglés: el genitivo. Éste se forma al añadir *"-'s"* a la forma singular del nombre o al añadir *"-' "* a las formas plurales que ya se terminan en *"-s".*

> *Mary's book, the book's pages, the books' pages*
> El libro de Mary, las páginas del libro, las páginas de los libros

(continúa en la pág. 15)

Presentación del sustantivo o nombre en español (continuación)

¿QUÉ USOS TIENE?

Comúnmente, el nombre funciona como sujeto, como aposición, como objeto o complemento (directo o indirecto), o como adjetivo. Véase la pág. 16.

La señora Gómez es española. (sujeto)

La señora Gómez, una **mujer** española, nos visita. (aposición)

Juan compró un **lápiz.** (objeto directo del verbo)

Ella le dio el sombrero a **Pablo.** (objeto indirecto del verbo)

Estamos en **el cuarto.** (complemento de la preposición *en*)

Es un **libro** interesante. (complemento)

Tengo mi texto **de historia.** (Una locución nominal que comienza con *de* se puede usar como adjetivo.)

¿QUÉ TIPOS DE NOMBRES HAY?

1. **Comunes** y **propios:**

Los nombres **comunes** son las palabras que se aplican a una clase o grupo de personas o cosas semejantes. Comienzan con letra minúscula:

mujer, país, perro

Los nombres **propios** se aplican a una clase específica de persona o cosa. Comienzan con letra mayúscula:

Carmen Salinas, México, Capitán

NOTA: Los nombres que se refieren a los idiomas, a las nacionalidades, a los días de la semana y los meses son nombres comunes en español y por eso no requieren mayúscula.

mexicano, el inglés, lunes, octubre

2. **Contables** e **incontables:**

Los nombres **contables** se refieren a una realidad que puede ser contada:

un lápiz, dos lápices

Los nombres **incontables** se refieren a una cantidad de algo que no puede separarse en sus diferentes componentes individuales:

la sal, el dinero (pero: cinco gramos de sal, cien pesetas)

Presentación del sustantivo o nombre en inglés (continuación)

NOTA no. 1: La regla dice que *a* y *Mary's* deben aparecer siempre antes de un sustantivo. Sin embargo, si quisiéramos usar los dos genitivos a la vez, una de las dos formas tendría que cambiar de posición y aparecer del otro lado del nombre. Por esta razón se dice **a friend**, **Mary's friend**, pero **a friend of Mary's.**

NOTA no. 2: También, se puede ignorar del todo el caso genitivo. En su lugar se puede usar la preposición *of.* Sin embargo, esta forma es menos común cuando se trata de una persona.

*the theories **of Kant*** (or *Kant's theories*), *the pages **of the book***
las teorías de Kant, las páginas del libro

¿QUÉ USOS TIENE? Las funciones del nombre en inglés son muy parecidas a las del nombre en español. Compare las oraciones siguientes con los ejemplos de la página opuesta.

__Mrs. Gómez__ is Spanish. (sujeto)

*Mrs. Gómez, a Spanish **woman,** is visiting us.* (aposición)

*He bought a **pencil.*** (objeto directo del verbo)

*She gave the hat to **Paul.*** (objeto indirecto del verbo)

*We are in the **room.*** (complemento de la preposición *in*)

*It is an interesting **book.*** (complemento)

*I have my **history** text.* (adjetivo) (En inglés no se necesita la preposición *of*)

¿QUÉ TIPOS DE NOMBRES HAY? Existen varias maneras de clasificar los nombres. Las cuatro clasificaciones más importantes son las siguientes:

1. **Comunes y propios:**

Los nombres **comunes** son las palabras que se aplican a una clase o grupo de personas o cosas semejantes. Comienzan con letra minúscula:

woman, country, dog

Los nombres **propios** se aplican a una clase específica de persona o cosa. Comienzan con letra mayúscula:

Miss Jones, Mexico, Rover

NOTA: En la gran mayoría de los casos, los nombres en inglés observan las mismas reglas que en español, aunque existen algunas diferencias muy importantes. Los nombres que se refieren a los idiomas, las nacionalidades, los días de la semana y los meses se consideran nombres propios. Por esta razón, requieren mayúscula.

English, Peruvian, Monday, October

2. **Contables** e **incontables:** Estos nombres observan las mismas reglas que en español.

Contables: *one pencil, two pencils*
Incontables: *salt, money* (pero: *five grams of salt / five dollars*)

PRESENTACIÓN DEL SUJETO Y DE LOS COMPLEMENTOS DE OBJETO DIRECTO E INDIRECTO

A. LOS SUJETOS. Los sujetos son casi siempre nombres, locuciones nominales o pronombres.

El sujeto de un verbo es la persona o cosa que **existe** o que **está haciendo** algo.

> **Luisa** y **yo** estamos aquí. **Juan** habla español. **Los libros** llegan hoy.

> *Louise and I are here. John speaks Spanish. The books are arriving today.*

✔ VERIFICACIÓN RÁPIDA
PREGÚNTESE: ¿Quién está aquí? ¿Quién habla español? ¿Qué cosa llega?

La respuesta a esas preguntas le indica cuál es el **sujeto** de la oración.

Cuando las oraciones declarativas o enunciativas respetan el orden normal de las palabras, el sujeto, si no se omite, aparece antes del verbo tanto en inglés como en español. El sujeto es muchas veces, aunque no siempre, la primera palabra de una oración o cláusula.

B. LOS COMPLEMENTOS DEL SUJETO. Éstas son las palabras o frases que definen o completan nuestra idea acerca del sujeto.

> El Señor White es **profesor.** Jean y Alice son **inglesas.**
> *Mr. White is a **teacher**. Jean and Alice are **English**.*

C. LOS COMPLEMENTOS DE OBJETO DIRECTO.
El complemento (de objeto) directo (o simplemente objeto directo) es por lo general un nombre o un pronombre que recibe directamente la acción de un verbo. Cuando el inglés respeta el orden normal de las palabras, el objeto directo aparece **después** del verbo. En español, los complementos directos aparecen después del verbo, pero los pronombres que tienen esa función aparecen antes de éste.

María odia a **Juan.**	El profesor da **un examen.**
*Mary hates **John**.*	*The professor is giving **a test**.*
Ella **lo** odia.	Él **lo** da.
*She hates **him**.*	*He is giving **it**.*

✔ VERIFICACIÓN RÁPIDA
PREGÚNTESE: ¿Quién o qué es odiado? ¿Qué es lo dado?

La respuesta a esas preguntas le indica cuál es el **complemento (de objeto) directo** de la oración.

D. EL COMPLEMENTO DE OBJETO INDIRECTO.
El complemento de objeto indirecto o simplemente objeto indirecto, nos dice quién o qué es afectado por la acción del verbo de manera indirecta.

El objeto indirecto responde a las preguntas siguientes: **a quién o a qué** se le hace algo y **para quién o para qué** algo se hace.

> ¡Dígame!
> *Speak **to me**!*

Los verbos de comunicación a menudo tienen un complemento de objeto indirecto implícito, como p. ej., *Tell me (the story).* Cuéntame (el cuento). Usted encontrará este tipo de complemento indirecto implícito en otros idiomas.

COMBINACIONES: Algunos verbos (p. ej., *give* = dar, *tell* = decir, *buy* = comprar) pueden tener más de un objeto. Además del objeto directo estos verbos tienen un objeto indirecto. Cuando se toma en cuenta también el sujeto, a veces en una oración muy corta podemos llegar a tener hasta tres nombres o pronombres y cada uno con funciones diferentes.

Roberto	le		da	el libro	a Alicia.
sujeto	o. i. = a Alicia			o. d.	o. i.

Él	se		lo		da.
sujeto	o. i. = a Alicia		o. d. = el libro		

NOTA: El objeto indirecto *le* se cambia a *se* cuando va acompañado de un pronombre objeto directo que también comienza con "l" (p. ej., no se dice *le lo da,* sino *se lo da*).

Robert	gives	the book	to Alice.
sujeto		o. d.	o. i.
He	gives	it	to her.
sujeto		o. d.	o. i.

or

Robert	gives	Alice	the book.
sujeto		o. i.	o. d.

Nótese que en estos ejemplos, hay dos órdenes posibles para las palabras. Éstos no afectan de ninguna manera cuál será el objeto directo o el objeto indirecto de la oración. El orden de las palabras (o sintaxis) en inglés determina, sin embargo, si se usa o no la palabra *to* (= a).

✔ **VERIFICACIÓN RÁPIDA**
PREGÚNTESE:
1. ¿Quién da algo? La respuesta: *Robert (he)* = **sujeto**
2. ¿Qué es lo dado? La respuesta: *the book (it)* = **complemento de objeto directo**
3. ¿A quién/A qué se le da algo?, ¿A qué/Para qué se da algo? La respuesta: *Alice (her)* = **complemento de objeto indirecto**

E. LOS COMPLEMENTOS Y LAS PREPOSICIONES. Hemos aprendido (pág. 9) que todas las preposiciones requieren complementos. Estos complementos normalmente aparecen justo después de la preposición:

sobre **la mesa** = sobre **ella**
*on the **table*** = *on **it***

después de **Pedro** = después de **él**
*after **Peter*** = *after **him***

NOTA: En preguntas (pág. 79) esta regla a menudo se ignora en inglés, de manera que la preposición se queda completamente sola y desligada de su complemento al final de la oración:

*Who did you give it **to**?* en vez de
***To whom** did you give it?*
¿A quién se lo diste?

El segundo ejemplo viene del inglés estándar. El español utiliza los mismos patrones que el inglés estándar.

F. VERBOS QUE NECESITAN COMPLEMENTOS DIFERENTES EN ESPAÑOL Y EN INGLÉS. Los verbos que tienen el mismo significado en español y en inglés casi siempre exigen el mismo tipo de complemento, aunque no todo el tiempo. Estos verbos tienen que aprenderse como cualquier otro elemento de vocabulario.

Objeto indirecto en español
Les duele.
Carmen le enseñó a nadar **a Carlitos.**
Le pedí un préstamo **a Juan.**

Objeto directo en inglés
*It hurts **them.***
*Carmen taught **Charlie** to swim.*
*I asked **John** for a loan.*

Objeto directo en español
Miran **la televisión.**
Elena busca **el libro.**
Miguel espera **el tren.**
Ana escucha **la radio.**

Complementos de una preposición en inglés
*They watch **television.***
*Helen is looking for **the book.***
*Michael is waiting for **the train.***
*Anne listens to **the radio.***

Presentación de los determinantes en español

¿QUÉ SON? Los determinantes son palabras que preceden a los nombres y a sus adjetivos en la oración. Por lo general, el determinante es el primero en aparecer en una locución nominal:

el libro rojo, **un** niño alto, **cada** ventana, **algunos** estudiantes

¿QUÉ TIPOS DE DETERMINANTES HAY? Muchas clases de palabras pueden cumplir la función de determinantes: los artículos definidos e indefinidos, los números, algunas palabras comunes como *cada, cualquier/a, poco/a* y además varios tipos de adjetivos (posesivos, demostrativos, interrogativos) que se discutirán en la sección dedicada específicamente a los adjetivos.

¿QUÉ FORMAS TIENEN?

El artículo definido. La forma del artículo depende del género y el número del nombre. En el caso de la forma femenina singular, *el* sustituye a *la* antes de las palabras que empiezan con "a-" o "ha-" tónicas a pesar de que las palabras sean femeninas.

género/número	artículo definido	antes de "a" o "ha-" tónica
masc. sing.	el	
fem. sing.	la	el
masc. pl.	los	
fem. pl.	las	

NOTA: Esta forma se puede combinar con las preposiciones *a* y *de*. (Véase la pág. 78)

El artículo indefinido. Tanto el artículo indefinido como el artículo definido concuerdan en género y número con el nombre que determinan. *Unos/unas* expresan el plural. Compare las diferentes formas del diagrama siguiente:

género/número	forma
masc. sing.	un
fem. sing.	una
masc. pl.	unos
fem. pl.	unas

¿QUÉ USOS TIENEN?

El **artículo definido** se usa:

1. antes de un nombre para referirse específicamente a una persona o cosa en particular dentro de un grupo de personas o cosas parecidas:

    El libro (el que querías) está sobre la mesa.
    La mujer (del traje verde) está en la oficina.

2. antes de un nombre usado de una manera general:

    No me gusta **la** televisión.
    La guerra es mala.

(continúa en la pág. 20)

Presentación de los determinantes en inglés

¿QUÉ FORMAS TIENEN?

El artículo definido. El artículo definido se escribe siempre de la misma forma: *the,* pero se pronuncia "thee" antes de una vocal y antes de palabras que comienzan con una "h" muda:

the book (el libro), *the apple* (la manzana), *the hour* (la hora)

No hay manera de saber de antemano si la "h" de una palabra se pronuncia o si es muda. Hay que buscar la palabra en un diccionario que además de explicar su significado, indique también su pronunciación (como el *American Heritage Dictionary*).

The se puede pronunciar "thee" para crear énfasis:

This is THE ["thee"] *best book I have ever read.*
Éste es el mejor libro que he leído.

El artículo indefinido. Los artículos indefinidos son *a* y *an* para el singular y *some* para el plural. *A* se usa antes de palabras que empiezan con consonante, con un sonido consonante o con una "h" que se pronuncia:

a man (un hombre), *a woman* (una mujer), *a ham* (un jamón),

An se usa antes de palabras que comienzan con vocal o con una "h" muda:

an apple (una manzana), *an honor* (un honor)

¿QUÉ USOS TIENEN?

El artículo definido. *The* anuncia un nombre específico:

The book (el que querías) *is on the table.*

Las palabras que se refieren a lenguas, cualidades, calles, estados, naciones, a cosas comunes, a nombres de distinción o jerarquía y la mayoría de los nombres propios individualizados normalmente no requieren un artículo en inglés:

English, beauty, fire, Wall Street, Minnesota, Peru, General, old Mexico

Sin embargo, las mismas palabras requieren el artículo cuando se refieren a un ejemplo en particular dentro de las mismas categorías:

the English spoken in the south (el inglés que se habla en el sur), *the fire in the fireplace* (el fuego de la chimenea), *the Peru that tourists see* (el Perú que los turistas ven)

El artículo indefinido. *A* y *an* se refieren a una persona o cosa cualquiera dentro de una misma clase:

I see a boy. (Veo a un niño, pero no a un niño en específico.)

Otros. La mayoría de éstos se usan en inglés de la misma forma que se usan en español pero con una diferencia: que ninguno sufre cambios para concordar en género y número con el nombre. La única manera de recordarlos es integrándolos a nuestro vocabulario.

some boys (algunos niños), *few boys* (pocos niños), *several boys* (varios niños), *ten boys* (diez niños)

Presentación de los
determinantes
en español
(continuación)

3. antes de muchos nombres que se refieren a lenguas, cualidades y a ciertas naciones[1]. También antes de muchos nombres de distinción o jerarquía y nombres propios individualizados.

> **el** inglés, **la** belleza, **el** Perú,[1] **el** general, **el** viejo México, **la** Inglaterra del siglo XIX, **la** pequeña María

El artículo indefinido se utiliza para referirse a una persona o cosa que no está definida dentro de su clase o grupo:

> **Un** joven (no lo conozco) está a la puerta.

NOTA: El artículo indefinido se omite algunas veces. Por ejemplo: después del verbo **ser** cuando a éste le sigue un nombre que se refiere a la profesión, nacionalidad, ocupación o a la religión de una persona y ese nombre no va acompañado de otro tipo de otras palabras que lo modifiquen:

Es profesor.	*pero*	Es **un buen** professor.
Es boliviana.	*pero*	Es **una** boliviana **guapa**.
¿Es usted estudiante?	*pero*	¿Es usted **un buen** estudiante?

Otros. Refiérase también a los números, los adjetivos demostrativos y posesivos y otros determinantes distributivos como la palabra *cada* o a determinantes indefinidos como la palabra *ninguna*, etc. Ciertos tipos de determinantes cambian de ortografía al concordar en género y número con el nombre que acompañan: **algunos** jóvenes, **ciertas** mujeres.

---

[1] Por lo general, en español no se usa el artículo definido con los nombres de naciones. Sin embargo el artículo, aunque no es obligatorio, puede ponerse delante de algunos países. Los ejemplos más comunes son: el Canadá, los Estados Unidos, el Perú, el Paraguay, el Uruguay, el Ecuador, los Países Bajos, el Brasil y el Japón.

CAPÍTULO CUATRO

PRONOMBRES

Presentación de los pronombres en español

¿QUÉ SON LOS PRONOMBRES? Véase la pág. 8.

¿QUÉ FORMAS TIENEN? Al igual que los nombres, los pronombres tienen **género** y **número,** pero una diferencia importante entre ellos es que los pronombres tienen una característica especial: **el caso.**

El caso se refiere a la relación sintáctica que, por ejemplo, un pronombre mantiene en una oración con su contexto, según la función que desempeña. El pronombre varía de forma para expresar sus diferentes relaciones con ese contexto y así cumple con sus diferentes funciones. A cada una de estas formas se le llama "caso". Otra característica importante del pronombre es que éste cambia dependiendo de la persona o cosa a la que hace referencia.

Las personas gramaticales. Podemos distinguir tres personas gramaticales. La **primera persona** es aquélla que habla *(yo, nosotros/as).* La **segunda persona** es aquélla a quien la primera habla *(tú, usted, ustedes, vosotros, vosotras).* La **tercera persona** es la persona o cosa acerca de la cual la primera habla *(él, ella, ello, ellos, ellas).* Tanto los pronombres como los verbos aparecerán clasificados de acuerdo con la "persona".

El género. Algunos pronombres pueden identificarse por medio del género: *yo* puede referirse tanto a un hombre como a una mujer; *ella,* sin embargo es siempre un pronombre femenino y *él* siempre su equivalente masculino.

El número. Cada una de las tres personas tiene su forma singular y su forma plural.

El caso. Los pronombres personales desempeñan funciones distintas que pueden resumirse en cuatro casos: **el caso nominativo** (función de sujeto = *yo, tú,* etc.), **el preposicional** (función de complemento de una preposición = *mí, conmigo, ti, contigo,* etc.), **el acusativo** (función de complemento directo = *me, te,* etc.) y **el dativo** (función de complemento indirecto = *me, te,* etc.)

Estos pronombres se discutirán en detalle más adelante.

¿QUÉ USOS TIENEN? Los pronombres personales desempeñan las mismas funciones que los nombres. Éstas pueden ser de los tipos siguientes:

1. de sujeto: **Ella** está aquí.

2. de objeto directo: A mí me gustan **ellos.**

3. de objeto indirecto: **Le** voy a dar el libro a él.

4. de complemento preposicional: La pregunta es difícil para **mí.** Ana quiere estudiar **conmigo.**

5. de atributo: Es **ella** quien habla.

¿QUÉ TIPOS DE PRONOMBRES HAY? (Cada tipo se discutirá por separado)

1. **personal** (véase la pág. 24)

2. **posesivo** (véase la pág. 30)

3. **reflexivo** (véase la pág. 32)

4. **tónico** (véase la pág. 34)

5. **relativo** (véase la pág. 34)

6. **demostrativo** (véase la pág. 40)

7. **interrogativo** (véase la pág. 42)

8. **indefinido** (véase la pág. 44)

Presentación de los pronombres en inglés

¿QUÉ FORMAS TIENEN? Al igual que en español, los pronombres en inglés tienen el **género,** el **número** y el **caso** como características. Además, como en español, los pronombres en inglés sufren cambios dependiendo de la persona o cosa a la que hacen referencia.

Las personas gramaticales. La primera persona en inglés y en español son similares. La segunda persona, tanto en su forma singular como en la plural, se expresa con el pronombre *you.*

El género. Algunos pero no todos los pronombres pueden identificarse por medio del género: *I* y *you* pueden referirse tanto a un hombre como a una mujer; *she,* por el contrario, siempre es un pronombre femenino y *he* siempre es masculino. El pronombre *it,* aunque se refiera a un animal, nunca deja de ser neutro. (*He* y *she* también pueden usarse para los animales cuando se sabe el sexo de éstos.) *It* puede también ser impersonal, como en los ejemplos *it is raining* (está lloviendo) o *it is necessary to . . .* (es necesario que...). El plural *they,* por su parte, no indica género.

El número. Cada una de las tres personas tiene su forma singular y su forma plural.

El caso: En inglés los pronombres añaden un caso más a la lista de los casos que se les atribuyen a los nombres: **el nominativo, el genitivo** y **el acusativo:** *I, mine, me; she, hers* y *her.* Éstos se discutirán en la sección siguiente en donde se hablará de los usos.

¿QUÉ USOS TIENEN? Los pronombres personales desempeñan las mismas funciones que los nombres. Éstas pueden ser de los siguientes tipos:

1. de sujeto: ***She*** *is here.*

2. de objeto directo: *I like **them.***

3. de objeto indirecto: *I am giving **him** the book.*

4. de complemento preposicional: *The question is hard for **me**. Ana wants to study with **me**.*

5. de atributo: *It is **she** who is speaking.*

Los pronombres personales en español

A. LOS PRONOMBRES SUJETO (sujeto de los verbos; véase la pág. 16). Un pronombre sujeto siempre debe tener el mismo género y el mismo número que el nombre que sustituye.

persona	singular	plural
1ra	yo	nosotros, nosotras
2da	tú (vos) usted[1]	vosotros/vosotras, ustedes
3ra	él ella	ellos (grupo masculino en su totalidad o grupo mixto) ellas (grupo femenino en su totalidad)

La segunda persona tiene tres formas en el **singular** (*tú, vos*[2] y *usted*) y tres en el **plural** (*vosotros, vosotras y ustedes*).

1. **Tú** es una forma informal o familiar que se usa generalmente para referirse a: (1) miembros de la familia que pertenecen a nuestra generación, (2) amigos íntimos, (3) miembros del grupo paritario al cual pertenecemos (compañeros de clase o colegas), (4) niños pequeños, (5) animales, (6) inferiores (el uso del *tú* a veces puede ser insultante), (7) uno mismo, (8) Dios.

   El uso del *tú* varía de un país al otro en las diferentes culturas hispanohablantes. En algunos lugares *tú* puede usarse al conocer por primera vez a una persona. En otros, solamente se usa el *tú* a partir del momento en que uno conoce mejor a la persona. Hay además algunas regiones en que el *tú* apenas se usa.

2. **Vosotros** (masc.) y **vosotras** (fem.) son formas plurales que corresponden a *tú* y que pueden usarse para dirigirse a un grupo de personas con quien se tiene una relación de amistad. Estas formas se utilizan casi exclusivamente en España. Aunque no se usan en Hispanoamérica, estos pronombres personales, sea en función de sujeto o en su función de complemento directo/indirecto *os,* podrán aparecer en nuestra lectura del español.

3. **Usted** es la forma universalmente reconocida como la más cortés o formal de dirigirse a una persona en el mundo hispanohablante. *Usted* puede abreviarse de dos formas: *Ud.* o *Vd.* Aunque *usted* se use para dirigirse a una segunda persona, al conjugar verbos se trata como la tercera persona *él/ella.*

4. **Ustedes** es la forma plural de *usted* y se abrevia *Uds.* o *Vds.* Además de ser una manera formal de dirigirse a un grupo de personas, *ustedes* sustituye el *vosotros/as,* pasando a ser la única forma plural de la segunda persona que se usa en la mayoría de los países hispanohablantes y en algunas partes de España, especialmente en el sur.

---

[1] *Usted* es una forma abreviada de Vuestra Merced *(Your Grace).* Aunque se refiere a la persona a quien se habla (la segunda persona *you*), en inglés este pronombre requiere que el verbo se conjugue en la tercera persona: "**Is** *Your Grace ready to go?*"

[2] *Vos* es una forma de la segunda persona del singular del pronombre que se usa en diferentes regiones de Hispanoamérica, especialmente en Argentina, Uruguay, Paraguay, Colombia, Guatemala y Costa Rica. Es, al igual que *tú,* una manera familiar de dirigirse a un individuo, pero requiere formas verbales diferentes. En la España moderna, México, el Caribe y en otras partes de Hispanoamérica, el *vos* no forma parte integrante del habla cotidiana.

(continúa en la pág. 26)

Los pronombres personales en inglés

A. LOS PRONOMBRES SUJETO (véase la pág. 16)

persona	singular	plural
1ra	*I* (nótese el empleo obligatorio de la "I" mayúscula)	*we*
2da	*you*	*you*
3ra (muestra género únicamente en el singular)	*he* *she* *it* *one*[1] (= persona indefinida de cualquier sexo)	*they*

John gives a present. = **He** *gives it.* (tercera persona singular)
John hace un regalo. = **Él** lo hace.

Mary and I arrive. = **We** *arrive.* (primera persona plural)
Mary y yo llegamos. = **Nosotros/as** llegamos.

---

[1] Con la excepción del pronombre *one,* los pronombres personales de la tercera persona singular muestran siempre el género. *One* se usa en Gran Bretaña pero en los EE. UU. se utiliza solamente en el contexto de un inglés muy formal.

(continúa en la pág. 27)

Los pronombres
personales en español
(continuación)

B. LOS PRONOMBRES EN FUNCIÓN DE COMPLEMENTO DIRECTO (véase la pág. 16)

persona	singular	plural
1ra	me	nos
2da	te	os
3ra	lo	los (m.)
	la	las (f.)
	le	

NOTA: En España y en algunas partes de Hispanoamérica, a veces se usa *le* en vez de *lo* para referirse a un nombre masculino. Este fenómeno se conoce como el "leísmo".

1. Para escoger el pronombre correcto. En la tercera persona, tres de los pronombres (*la, los* y *las*) tienen la misma forma que los artículos definidos. Por lo tanto, para escoger el pronombre correcto, aplique las mismas reglas que se usan para determinar el artículo.

> Busco **los** libros. > (pronombre = **los**) > **Los** busco.

2. Sintaxis de los pronombres en función de complemento directo. Con la excepción del imperativo afirmativo y de los infinitivos, el pronombre complemento en español siempre se pone directamente antes del verbo conjugado del cual es el complemento de objeto directo.

> Él **me** ve. **Te** veo.
> Busco el libro. **Lo** busco.
> María compra los libros. Ella **los** compra.
> No **lo** he visto.

En una **pregunta** o en una **oración negativa,** el pronombre se queda en el mismo lugar que ocupa con relación al verbo, o sea **directamente antes** de él.

> ¿Tienes los billetes? ¿**Los** tienes?
> No tengo los billetes. No **los** tengo.

Las únicas excepciones a esta regla las hallamos en el imperativo afirmativo, el infinitivo y el gerundio. El pronombre sigue a estas formas verbales en la oración y termina insertándose en ellas formando así una sola palabra. En los imperativos negativos el pronombre siempre se queda antes del verbo. Para obtener más información acerca de los pronombres y el imperativo, véanse las págs. 122 y 124.

> Pedro quiere leer las cartas. Pedro **las** quiere leer. Pedro quiere leer**las**.
> Compre el libro. Cómpre**lo**. No **lo** compre.
> Dé el libro a María. Dé**lo** a María. No **lo** dé a María.
> Están preparando los churros. Están preparándo**los**. o **Los** están preparando. No **los** están preparando.

C. LOS PRONOMBRES EN FUNCIÓN DE COMPLEMENTO INDIRECTO (véase la pág. 18)

El pronombre complemento indirecto se usa con más frecuencia en español que en inglés. El hablante inglés utiliza en vez una preposición + el pronombre complemento indirecto.

persona	singular	plural
1ra	me	nos
2da	te	os
3ra	le (m., f.)	les (m., f.)

(continúa en la pág. 28)

*Los pronombres
personales en inglés
(continuación)*

B. LOS PRONOMBRES EN FUNCIÓN DE COMPLEMENTO DIRECTO EN INGLÉS (véase la pág. 16)

persona	singular	plural
1ra	*me*	*us*
2da	*you*	*you*
3ra (muestra el	*him*	*them*
género solamente	*her*	
en el singular)	*it*	
	one[1]	

*He sees **me**, and I see **you**.* (Él me ve y yo te veo.)
*You found **them**.* (Tú los/las encontraste.)

C. LOS PRONOMBRES EN FUNCIÓN DE COMPLEMENTO INDIRECTO (véase la pág. 16)

persona	singular	plural
1ra	*(to, for) me*	*(to, for) us*
2da	*(to, for) you*	*(to, for) you*
3ra	*(to, for) him, her, it, one*	*(to, for) them*

D. LOS PRONOMBRES EN FUNCIÓN DE COMPLEMENTO PREPOSICIONAL

Después de una preposición, use la misma forma del pronombre que se utiliza para el complemento directo.

*He arrived before **me**.* (Él llegó antes que yo.)
*We asked about **her**.* (Nosotros/as preguntamos por ella.)

NOTA: Tenga cuidado con los pronombres sujeto o complemento compuestos. Éstos pertenecen al mismo caso que los pronombres sujeto o complemento simples. Si un pronombre complemento aparece en una de sus formas de la primera persona, siempre póngalo último.

I am Spanish.
(Yo) soy español/a.

*This is between **us**.*
Esto queda entre nosotros/as.

*Give it to **me**.*
Dámelo.

She and I are Spanish.
Ella y yo somos españoles/as.

*This is between **you and me**.*
Esto queda entre tú y yo.

*Give it to **him and me**.*
Dánoslo/la a él y a mí.

[1]Con la excepción de *one*, los pronombres complemento muestran el género en la tercera persona singular.

(continúa en la pág. 29)

Los pronombres
personales en español
(continuación)

Sintaxis de los pronombres en función de complemento indirecto. Estos pronombres ocupan el mismo lugar en la oración que los pronombres complemento directo.

Él **le** escribe una carta. No **me** envían una carta. Mi mamá está preparánd**ome** (**me** está preparando) la cena. Ellos quieren decir**te** un secreto. D**ime** la verdad.

D. LOS PRONOMBRES EN FUNCIÓN DE COMPLEMENTO PREPOSICIONAL

En español, cuando los pronombres personales van precedidos de una preposición se les llama **tónicos**. La mayoría de las preposiciones requiere el uso de este tipo de pronombre. Las siguientes formas pronominales siempre aparecen después de la preposición. (Véase la pág. 34.)

	singular	plural
1ra	mí	nosotros/nosotras
2da	ti	vosotros/vosotras
	usted	ustedes
3ra	él, ella	ellos, ellas

Pienso **en ella**.
Pensamos a menudo **en ti**.

NOTA: Las formas especiales *conmigo, contigo* y *consigo* se emplean solamente con la preposición *con*.

E. SINTAXIS DE LOS PRONOMBRES EN FUNCIÓN DE COMPLEMENTO DIRECTO E INDIRECTO EN UNA MISMA ORACIÓN

A menudo, en una misma oración, los verbos tienen más de un pronombre en función de complemento.

Nos lo da.

Déselos.

Cuando dos pronombres aparecen antes del verbo, use el orden siguiente: *reflexivo, objeto indirecto* y *objeto directo*.

NOTA: Cuando aparecen antes de *lo, la, los* y *las,* los pronombres complemento indirecto *le* y *les* se transforman en *se* (o sea cuando ambos complementos, el directo y el indirecto, están en la tercera persona).

Pedro **le** compra **los libros.**   PERO   **Se los** compra.

Se tiene dos funciones: la que acabamos de discutir en la nota de arriba y además la función de pronombre reflexivo (véase la pág. 32). Cuando hay más de un pronombre complemento en la oración, *se* siempre aparece primero.

Carlos **se lo** pone.   Dé**selo.**

Los pronombres personales en inglés (continuación)

E. SINTAXIS DE LOS PRONOMBRES EN FUNCIÓN DE COMPLEMENTO DIRECTO E INDIRECTO EN UNA MISMA ORACIÓN

Existen dos órdenes posibles de palabras cuando ambos complementos, el directo y el indirecto, aparecen en una misma oración. Si el pronombre complemento indirecto aparece primero, entonces no se usan las preposiciones *to* o *for*. Si el pronombre complemento indirecto aparece segundo, entonces se necesita la preposición. Si se utilizan pronombres para designar ambos complementos, se requiere también la preposición y el pronombre en función de complemento directo aparece primero.

*He writes **her a letter.*** (Él le escribe una carta a ella.)
    c. i. c. d.

*They send **the letter to us.*** (Ellos/as nos envían la carta a nosotros/as.)
    c. d.   c. i.

*I bought **a dress for her.*** (Yo compré un traje para ella. o Yo le compré un traje.)
    c. d.   c. i.

*I got **them a ticket.*** (Yo les conseguí un boleto.)
    c. i.   c. d.

*I showed **it to them.*** (Yo se lo enseñé a ellos/as.)
    c. d. c. i.

*They did **it for us.*** (Ellos/as lo hicieron por nosotros/as.)
    c. d. c. i.

F. RESUMEN: SINTAXIS DE LOS PRONOMBRES EN FUNCIÓN DE COMPLEMENTO

Normalmente, los pronombres complemento ocupan el mismo lugar que un nombre ocuparía en la oración.

*I saw the movie. I saw **it.***	*I spoke to John. I spoke to **him.***
Vi la película. La vi.	Hablé con John. Hablé con él.

Cuando en inglés hay dos pronombres complemento, el pronombre complemento directo aparece antes del indirecto.

*He shows **it to them.***
Él se lo/la enseña a ellos/as.

En el imperativo: *Give **it to them.***   o   *Don't give **it to them.***
                      Dáselo/la a ellos/as.   o   No se lo/la des a ellos/as.

Pero, cuando hay un nombre y un pronombre, el orden de las palabras puede cambiar.

*He shows the **book** to **them.***   o   *He shows **them** the **book.***
    c. d.   c. i.   c. i.   c. d.
Él les enseña el libro (a ellos/as).

En el imperativo:
*Show the **book** to **them.***   o   *Don't show **them** the **book.***
    c. d.   c. i.   c. i.   c. d.

formal: Enséñeles el libro (a ellos/as).   o   No les enseñe el libro.
familiar: Enséñales el libro (a ellos/as).   o   No les enseñes el libro.

Los pronombres posesivos en español

¿QUÉ FORMAS TIENEN? En español, los pronombres posesivos tienen persona, número y género. La persona se determina al tomar en cuenta el individuo que posee una cosa, es decir, el dueño de esa cosa. El género y el número se determinan al tomar en cuenta la cosa que ese individuo posee.

El libro de María > su libro > el suyo

María requiere un pronombre en la tercera persona singular. **El libro** requiere que el pronombre sea masculino singular.

Las camisas de Juan > sus camisas > las suyas

Juan requiere un pronombre en la tercera persona singular también. **Las camisas** requieren que el pronombre sea femenino plural.

persona	singular		plural
1ra	el mío, la mía, los míos, las mías		el nuestro, la nuestra, los nuestros, las nuestras
2da (tú)	el tuyo, la tuya, los tuyos, las tuyas	(vosotros)	el vuestro, la vuestra, los vuestros, las vuestras
(usted)	el suyo, la suya, los suyos, las suyas	(ustedes)	el suyo, la suya, los suyos, las suyas
3ra	el suyo, la suya, los suyos, las suyas		el suyo, la suya, los suyos, las suyas

NOTA no. 1: Los pronombres posesivos tienen las mismas formas que los adjetivos posesivos en su forma pospuesta (cuando vienen después del nombre, véanse las págs. 56 y 58), con la diferencia que el artículo definido no se usa con los adjetivos.

NOTA no. 2: Los pronombres posesivos en español pueden expresarse también con la ayuda de la construcción artículo definido + de + pronombre complemento para así poder distinguir claramente los diferentes significados de **suyo/a:**

Es **su** libro.   >   Es el libro **de usted.**

Es el **suyo.**   >   Es el **de usted.**

Es **su** libro.   >   Es el libro **de ella.**

Es el **suyo.**   >   Es el **de ella.**

Note que *una amiga mía* se expresa en inglés con la construcción *a friend of mine* y *un libro tuyo* en inglés se dice *a book of yours.*

Los pronombres posesivos en inglés

¿QUÉ SON? Los pronombres posesivos reemplazan un adjetivo posesivo (o un nombre en su caso genitivo) combinado con un nombre.

> *It's **my book.** = It's **mine.*** (Es mi libro. = Es el mío.)
> *It's **Anne's car.** = It's **hers.*** (Es el coche de Ana. = Es el suyo.)

¿QUÉ FORMAS TIENEN? Todos los pronombres posesivos tienen como característica el género y el número. En la tercera persona singular, también los caracteriza el género pero no el caso, lo que quiere decir que mantienen la misma forma a pesar de que cumplan funciones distintas en una oración.

persona	singular	plural
1ra	*mine*	*ours*
2da	*yours*	*yours*
3ra	*his*	*theirs*
	hers	
	its	
	one's	

Mientras se sepa la persona, el género y el número del **individuo que posee la cosa**, p. ej. *Mary,* entonces podemos escoger solamente el pronombre *hers* porque es la única alternativa posible.

> *You have your book, where is **Mary's** book or **her** book?*
> Usted tiene su libro. / Tú tienes tu libro. ¿Dónde está el libro de Mary? o el libro de ella?

Para evitar la repetición de *book,* ponga el nombre en el caso genitivo o el adjetivo posesivo en su lugar.

Mary *(her)* = 3ra persona del femenino singular. Por lo tanto, *hers* es el pronombre apropiado. Ahora podemos leer la oración de esta forma:

> *You have your book, where is **hers**?*
> Usted tiene su libro. / Tú tienes tu libro. ¿Dónde está el suyo (= de ella)?

NOTA: Cuando hay un artículo indefinido en la estructura, podemos usar *of* y un pronombre posesivo como ya lo hicimos con el nombre en el caso genitivo (véanse las págs. 13 y 15).

> *A friend of John's* > *a friend of **his***
> Un amigo de John > un amigo suyo

Los pronombres reflexivos y los pronombres reflexivos con valor recíproco en español

¿QUÉ SON? Los pronombres reflexivos son pronombres complementos que se refieren a una misma persona o cosa a la que ya otro elemento de la oración se refería (por lo general el sujeto).

¿QUÉ FORMAS TIENEN? Son las mismas que las de los pronombres complemento directo e indirecto, con la excepción de la tercera persona. Ocupan también el mismo lugar en la oración.

persona	singular	plural
1ra	me	nos
2da	te	os
3ra	se/sí/consigo	se/sí/consigo

¿QUÉ USOS TIENEN? Estos pronombres se utilizan como complementos (directo o indirecto) de un verbo. (Véase la pág. 16.) Pueden ser reflexivos (cuando se refieren a la misma persona representada por el sujeto) o recíprocos (cuando se refieren a un sujeto plural, en el que cada uno de los sujetos realiza una acción sobre el otro y al mismo tiempo la recibe de él: *uno al otro, entre sí* o *mutuamente*).

> Se hablan. = Se hablan ellos mismos. o Ellos se hablan uno al otro, entre sí o mutuamente.

Si el significado no queda claro a partir del contexto, una locución preposicional más la palabra *mismo* puede añadirse para indicar el valor reflexivo. Por ejemplo, *el uno al otro* marca el valor recíproco del pronombre.

> **NOTA:** Los pronombres reflexivos y los reflexivos con valor recíproco pueden tener ambas funciones: la de complemento directo y la de complemento indirecto.
>
> Ellos **se** miran a sí mismos. **Se** hablan el uno al otro.
>   c. d.   c. i.

En español, los reflexivos se usan mucho más que en inglés porque los verbos transitivos **tienen que tener** complemento directo. Observe el siguiente contraste:

> Lavamos el auto.   **Nos** lavamos.

Algunos verbos reflexivos en español son reflexivos solamente en la forma.

> Me acuesto.   La mujer se acerca.

Los pronombres reflexivos y los pronombres reflexivos con valor recíproco en inglés

¿QUÉ SON? Tienen las mismas funciones que en español.

¿QUÉ FORMAS TIENEN?

persona	REFLEXIVA singular	plural	RECÍPROCA
1ra	*myself*	*ourselves*	*each other / one another*
2da	*yourself*	*yourselves*	*each other / one another*
3ra	*himself*	*themselves*	*each other / one another*
	herself		
	itself		
	oneself		

¿QUÉ USOS TIENEN? Los pronombres reflexivos se usan como complementos de un verbo o de una preposición.

¿QUÉ TIPOS HAY? Los pronombres reflexivos se usan casi siempre cuando los sujetos actúan directamente sobre ellos mismos o cuando hacen algo para sí mismos directamente.

> ***Paul*** *cut **himself**.* (Paul se cortó [él mismo].)
> *I told **myself** it didn't matter.* (Me dije a mí mismo que no importaba.)

De vez en cuando, tienen usos idiomáticos. Solamente son reflexivos en cuanto a la forma:

> ***They*** *always enjoy **themselves**.* (Siempre se divierten.)

Para una acción ***mutua*** o ***recíproca,*** utilice *each other* o *one another.* Esta expresión no cambia de forma.

> ***They*** *congratulated **one another**.* (Ellos se felicitaron unos a otros.)
> ***We*** *talked to **one another** yesterday.* (Ayer nos hablamos mutuamente.)
> ***You*** *two saw **each other** last night.* (Ustedes dos se vieron [el uno al otro] anoche.)

NOTA no. 1: Los pronombres reflexivos y los reflexivos con valor recíproco pueden tener ambas funciones: la de complemento directo e indirecto.

> *They saw each other. They talked to each other.* (Ellos se vieron. Ellos se hablaron.)
>   c. d.   c. i.

NOTA no. 2: En inglés a menudo se omiten los pronombres reflexivos y los reflexivos con valor recíproco y se espera que todos comprendan lo que se quiere decir.

> *We **talked** yesterday.* = Nos hablamos ayer. (se sobreentiende que nos hablamos uno al otro)

A veces también cambiamos la construcción gramatical por una que no requiere complemento.

> *Paul **got hurt**.* = Paul se lastimó. (se sobreentiende que se lastimó a sí mismo)

Considere la oración: *We washed this morning.* En inglés no tiene sentido si no hemos escuchado el resto de la conversación. Puede querer decir:

> *We washed our clothes (did the laundry) this morning.* (Lavamos nuestra ropa esta mañana.)

> *We washed ourselves (got washed) this morning.* (Nos lavamos esta mañana.)

Los pronombres tónicos en español

¿QUÉ FORMAS TIENEN? Estos pronombres son los que aparecen independientemente, separados del verbo. Con la excepción de *mí, ti* y *sí,* estos pronombres conservan la misma forma que los pronombres sujeto. *Mí, ti* y *sí* solamente se emplean con preposiciones.

persona	singular	plural
1ra	yo / mí	nosotros/as
2da	tú / ti	vosotros/as
	usted	ustedes
3ra	él, ella,	ellos, ellas
	sí (reflexivo)	

NOTA: En este caso le ponemos un acento al pronombre *mí* para distinguirlo del adjetivo posesivo *mi* (mi profesor).

¿QUÉ USOS TIENEN?

1. Uso independiente: —¿Quién es?   — **¡Yo!**

2. Uso con *mismo* para poner énfasis en lo que se dice: **Yo mismo** voy a hacerlo.

3. Uso en sus formas especiales (presentadas en el último diagrama) cuando aparecen después de una preposición: Eso es **para mí.**

Después de la preposición *con,* los pronombres *mí, ti* y *sí* se transforman respectivamente en *-migo, -tigo* y *-sigo:* ¡Hable **conmigo**!

Sin embargo, se usan sus formas normales de sujeto con las conjunciones: Rosa es más inteligente **que yo.**

Los pronombres relativos en español

¿QUÉ SON? Los pronombres relativos son palabras que introducen un tipo de oración que se llama **la oración de relativo,** cuya definición daremos más adelante. El pronombre relativo sustituye a un nombre o a una acción en la oración que se llama **el antecedente** y, por lo general, aparece inmediatamente después de ese antecedente.

¿QUÉ FORMAS TIENEN?

	sujeto	complemento	complemento de una preposición	otra
persona	que, (quien)	español coloquial: que; español formal: el cual	quien (quienes)	cuyo (cuya)
cosa	que	que	que	

(continúa en la pág. 36)

Los pronombres tónicos en inglés

¿QUÉ SON? En inglés los pronombres tónicos se llaman *disjunctive pronouns*. La palabra *disjunctive* en español quiere decir "disyuntivo" o en otras palabras, "lo que separa". Es un adjetivo que expresa muy bien lo que hacen estos pronombres independientes que están separados del verbo. Se usan solos o como una palabra adicional para realzar la importancia de algo y darle más intensidad.

¿QUÉ FORMAS TIENEN? Las formas de estos pronombres dependen del uso que tengan.

1. Cuando se usan solos, los pronombres tónicos adquieren la función de sujeto (= *I*) (véase la pág. 25) en el inglés formal y la función de complemento (= *me*) en inglés informal:

   Who's there? I (formal)[1] o *me* (informal).
   ¿Quién está ahí? Yo. (= *I* = *me*)

2. Para crear énfasis normalmente se usan las formas del pronombre reflexivo:

   *I'll do it **myself**!*   (Lo haré yo mismo.)
   ***He** told me so **himself**.*   (Él mismo fue quien me lo dijo.)

3. A veces para crear énfasis, en inglés simplemente se levanta un poco la voz:

   ***You** do it!*   (¡Hazlo tú!)

Los pronombres relativos en inglés

¿QUÉ FORMAS TIENEN?

	sujeto	complemento	caso genitivo	c. obj. ind./c. preposicional
persona	*who* (*that*)	*whom* (*that*)	*whose*	*to (by) whom*
cosa	*which* (*that*)	*which* (*that*)	*whose* (*of which*)	*to (by) which* *where* (para preposiciones que se refieren al espacio) *when* (para palabras que se refieren al tiempo)

Para escoger el pronombre correcto, usted debe saber:

    a) si el antecedente es una persona o cosa.
    b) la función que desempeña el pronombre en la oración de relativo.
    c) (para sujetos y complementos) si la oración de relativo es **especificativa** o **explicativa**.

Una oración de relativo **especificativa** define el antecedente, restringiendo su significado y haciéndolo más específico. En este caso usamos el pronombre *that* y no se utilizan comas para separar la oración subordinada con el relativo del antecedente que la precede.

---

[1] En este caso *I am* está sobreentendido.

(continúa en la pág. 37)

*Los pronombres
relativos en español
(continuación)*

NOTA: Las formas del pronombre *el cual* concuerdan en género y número con el antecedente. En el diagrama solamente vemos un ejemplo (masc. sing.), pero otras combinaciones de género y número son posibles. Estas formas se utilizan cuando es importante distinguir el género y el número, como por ejemplo, cuando el pronombre relativo hace referencia a dos nombres a la vez: *los ríos y las montañas de los cuales te hablé...* Recuerde el uso de las contracciones del artículo con las preposiciones *a* y *de*, tales como *al cual*. (Véase la pág. 78.)

¿QUÉ USOS TIENEN?

1. Los pronombres relativos introducen oraciones que dan información adicional acerca del antecedente. Se les llama a estas oraciones **oraciones de relativo.**

2. Permiten enlazar dos oraciones cortas para escribir con fluidez y evitar repeticiones innecesarias.

   > Juanita está sentada allí. Juanita es mi hermana.
   > Juanita, la muchacha **que** está sentada allí, es mi hermana.

   > Enrique González llegó ayer. Enrique González es un pianista experimentado.
   > Enrique González, **que (quien)** llegó ayer, es un pianista experimentado.

3. Pueden desempeñar la función de sujeto, complemento directo, pronombre posesivo, complemento indirecto y complemento de una proposición en la oración de relativo.

4. Las formas de *quien* tienen que adaptarse al número *(quien, quienes)*, pero solamente las formas de *cual* tienen que adaptarse a ambos género y número *(la cual, los cuales,* etc.). Estos cambios dependen del antecedente al que se refieren los pronombres. Otros pronombres relativos (como *cuyo*) sufren cambios también, pero solamente dependiendo de la función que tengan en la oración.

NOTA: La función del antecedente en la oración principal **no** afecta de ninguna manera nuestra elección del pronombre empleado en la oración de relativo.

PROBLEMAS:

1. El pronombre relativo no se puede omitir en español: *Es el hombre **que** vi ayer.*

2. Todo pronombre relativo **requiere** un antecedente. Si no hay un antecedente específico en la oración, entonces tenemos que suministrar el pronombre neutro *lo:*

   > No llegó, **lo que** (o **lo cual**) me sorprendió.

3. El pronombre relativo puede combinarse con cualquier forma del verbo.

   > Soy yo **que (quien) encontré** a María.
   > Somos nosotros **los que venimos.**

La razón por la cual algunos pronombres relativos causan problemas en el español oral es que suenan de la misma manera que los pronombres interrogativos (*¿quién?, ¿qué?,* etc.) y que éstos requieren un verbo en la tercera persona. En el español escrito el acento sobre el pronombre permite distinguir su función relativa (sin acento) de su función interrogativa (acentuada).

4. Para evitar ambigüedad, se utiliza el artículo *el* delante del pronombre relativo *que*. Sin embargo, el artículo tiene que concordar en género y número con el antecedente.

*Los pronombres
relativos en inglés
(continuación)*

The book **that you just read** is world-renowned.
El libro **que usted acaba de leer** es de fama mundial.

Sin la oración de relativo, no sabríamos específicamente de qué libro se trata, ya que ésta aporta un elemento esencial para la definición más concreta del antecedente.

Una oración de relativo **explicativa** describe de manera complementaria el antecedente pero no lo define ni lo hace más específico. En realidad, podemos prescindir de esta información sin cambiar el significado esencial de la oración. En oraciones de esta clase, se emplean los pronombres *who, whom* y *which* y se utilizan comas para separar el antecedente de la oración de relativo que lo sigue.

Don Quijote, **which the class is going to read this year,** is a very famous novel.
Don Quijote, que la clase va a leer este año, es una novela muy famosa.

En este ejemplo, podríamos eliminar la oración de relativo explicativa sin afectar el significado esencial de lo que se dice. Hasta cierto punto la información de la explicativa es superflua.

Como en español, en la oración de relativo, el pronombre relativo puede desempeñar la función de sujeto, de pronombre posesivo, de complemento directo o indirecto y de complemento de una preposición.

En inglés, los pronombres relativos sufren cambios relacionados solamente con el caso y no con la persona o el número. Las formas que adoptan dependen de la función que desempeñen en la oración de relativo.

PROBLEMAS:

1. Los pronombres relativos se omiten a menudo en inglés: *That's the man I saw yesterday!* (aquí el pronombre *whom* se omite). Sin embargo, el español no permite la omisión del pronombre: ¡Ése es el hombre **que** vi ayer!

2. En inglés hay casos en los cuales el pronombre relativo *which* no se refiere a ningún nombre en específico, sino más bien a toda la oración que precede.

   He didn't come—which surprised me. (Él no vino, lo que me sorprendió.)

3. El inglés tiene el equivalente del neutro *lo que/lo cual* en español, cuando éste se refiere a un antecedente que no se ha expresado: *that which.* En inglés, esta forma puede encontrarse en libros, pero por lo general, casi nunca se emplea en la conversación:

   That which (what) has already happened cannot be changed.
   Lo que ya ha pasado no puede cambiarse.

What se usa ahora cuando no hay ningún antecedente expresado en la oración:

   *That is **what** I need.* (Eso es lo que necesito.)
   *I saw **what** they were doing.* (Vi lo que ellos estaban haciendo.)

4. Los pronombres relativos pueden combinarse con cualquier forma del verbo, pero esto se hace más bien en el inglés formal. Muchas personas usan la tercera persona con el relativo, como si el pronombre fuese un pronombre interrogativo.

   *It is I **who am** worried.* (Soy yo quien estoy/está preocupado.)
   *We are the ones **who are** coming.* (Somos nosotros los que [quienes] venimos.)

Los pronombres relativos en inglés muchas veces lucen y suenan como los pronombres interrogativos (*who?, what?,* etc.), pero los interrogativos siempre requieren un verbo en la tercera persona.

Cómo analizar los pronombres relativos en español

Hay que tener en cuenta dos problemas fundamentales: la función de los pronombres y la sintaxis.

La señora Sánchez es una **periodista** excelente.   **La señora Sánchez** escribió **estos ensayos.**
    sujeto   atributo   sujeto   c. d.

1. Busque el elemento que se repite.   =   *La señora Sánchez*

2. Busque la función del elemento repetido en la segunda oración. Ese elemento se transformará en el sujeto de la oración de relativo.

3. Escoja el pronombre relativo.   =   *que* (persona, sujeto)

4. Copie la primera oración hasta que incluya toda la locución nominal que quiere describirse.   =   *La señora Sánchez...*

5. Sustituya el segundo "La señora Sánchez" por el pronombre relativo (con la preposición, si la hay).   =   *La señora Sánchez que...*

6. Copie el resto de la segunda oración (que ahora se ha convertido en una oración de relativo).   =   *La señora Sánchez, que escribió estos ensayos, ...*

7. Copie el resto de la primera oración, siempre que quede algo. (No incluya las partes que representan el pronombre relativo.)   =   *La señora Sánchez, que escribió estos ensayos, es una periodista excelente.*

Trate de hacer lo mismo con otras oraciones. Siga los mismos pasos hasta que el proceso le parezca natural.

Los diez libros están en la mesa. **Los** estoy leyendo.
Los diez libros **que estoy leyendo** están en la mesa.

El señor Pérez murió hoy. **Lo** vi ayer.
El señor Pérez, **que vi ayer,** murió hoy.

El estudiante está durmiendo. Quiero hablar con este **estudiante.**
El estudiante **con quien quiero hablar** está durmiendo.

La vieja casa se está derrumbando. Viví en esa **casa** cuando era niño.
La vieja casa **en que viví cuando era niño** se está derrumbando.

La mujer vive en Nueva York. Me llevé el abrigo de esa **mujer.**
La mujer **cuyo abrigo me llevé** vive en Nueva York.

Esto puede dar la impresión de ser complicado y de exigir mucha reflexión. Esto se explica por el mero hecho de que, por lo general, la gente utiliza muchas oraciones cortas al hablar. Las oraciones de relativo se emplean principalmente para variar nuestro estilo en la lengua escrita. Cuando tenga tiempo para pensar, tache algo que ha escrito y vuelva a decirlo de una manera diferente.

Cómo analizar los pronombres relativos en inglés

Los siguientes son ejemplos del proceso analítico para decidir cuál es el pronombre relativo que se necesita y cómo se lo debe usar.

Mr. Smith** is an excellent **cook.		***Mr. Smith** made these **pies.***	
sujeto	atributo	sujeto	c. d.
El Sr. Smith es un cocinero excelente.		El Sr. Smith hizo estos pasteles.	

1. Busque el elemento repetido.   =   *Mr. Smith*

2. Busque la función del elemento repetido en la segunda oración. Ese elemento se transformará en el sujeto de la oración de relativo.

3. Escoja el pronombre relativo.   =   *who* (persona, sujeto)

4. Copie la primera oración hasta que incluya toda la locución nominal que quiere describirse.   =   *Mr. Smith . . .*

5. Sustituya el segundo *"Mr. Smith"* por el pronombre relativo, que en este caso será *who*.   =   *Mr. Smith, who . . .*

6. Copie el resto de la segunda oración (que ahora se ha convertido en una oración de relativo).   =   *Mr. Smith, who made these pies . . .*

7. Copie el resto de la primera oración, siempre que quede algo. (No incluya las partes que representan el pronombre relativo.)   =   *Mr. Smith, who made these pies, is an excellent cook.*

OTROS EJEMPLOS:

>*The ten books are on the table. I am reading them.*
>Los diez libros están sobre la mesa. Los estoy leyendo.
>
>*The ten books **that I am reading** are on the table.*
>Los diez libros que estoy leyendo están sobre la mesa.

Aquí se usa el pronombre *that* porque:

1. es el complemento directo de *am reading* en la oración (nótese que no está separado del antecedente por comas).

2. se refiere a una cosa.

3. tiene una función especificativa (define cuáles son los diez libros de los que se habla).

>*Mr. Jones died today. I saw him yesterday.* (El Sr. Jones murió hoy. Lo vi ayer.)
>*Mr. Jones, **whom I saw yesterday,** died today.* (El Sr. Jones, a quien vi ayer, murió hoy.)

Aquí se usa el pronombre *whom* porque:

1. es el complemento directo de *I saw* (nótese que está separado del antecedente por comas).

2. se refiere a una persona.

3. tiene una función explicativa (Ya se sabe quién es Mr. Jones. El relativo lo que hace es introducir información complementaria—pero no esencial—acerca de él.).

>*The **student** is asleep. I wish to speak with that **student.***
>El estudiante está durmiendo. Quiero hablar con ese estudiante.
>
>*The student **to whom I wish to speak** is asleep.*
>El estudiante con quien quiero hablar está durmiendo.

(continúa en la pág. 41)

Los pronombres demostrativos en español

¿QUÉ SON? Los pronombres demostrativos son palabras que se usan para señalar a personas o cosas anteriormente mencionadas en la lengua escrita o hablada.

¿QUÉ FORMAS TIENEN?

	género	**singular**	**plural**
Grupo I	masc.	éste, ése	éstos, ésos
	fem.	ésta, ésa	éstas, ésas
	neutr.	esto, eso	
Grupo II	masc.	aquél	aquéllos
	fem.	aquélla	aquéllas
	neutr.	aquello	

> **NOTA**: Con la excepción de *esto, eso* y *aquello,* todas estas formas llevan un acento o tilde sobre la sílaba (la vocal) en la cual recae la fuerza de pronunciación (= sílaba tónica), para así distinguirse del adjetivo demostrativo (*este, aquel,* etc.).

¿QUÉ USOS TIENEN? Los pronombres demostrativos reemplazan un adjetivo demostrativo y el nombre que lo acompaña.

> este/aquel hombre = **éste (aquél)**
> esta/aquella mujer = **ésta (aquélla)**
> estos/aquellos niños = **éstos (aquéllos)**
> estas/aquellas niñas = **éstas (aquéllas)**

Recuerde que muchas de las formas del pronombre demostrativo (que nunca va acompañado de un nombre) se distinguen del adjetivo demostrativo (que siempre va acompañado de un nombre) por el acento o tilde que llevan en la sílaba tónica.

1. Las formas *éste* y *ésta* equivalen a las expresiones *this one* y *the latter* en inglés. *Éstos* y *éstas* se traducen por el pronombre *these* y por la expresión *the latter.*

2. *Esto* y *eso* se emplean respectivamente para traducir los pronombres indefinidos *this* y *that* del inglés.

3. *Aquello* se traduce por el indefinido *that.*

4. Ambas formas *ése* y *aquél* son equivalentes al *that. Aquél* y sus diferentes formas implican una distancia mayor del hablante y oyente y se traducen por la expresión *the former.*

Cuando dos personas o cosas se han mencionado, *the former* (aquél) quiere decir el/la que se mencionó primero, mientras que *the latter* (éste) se refiere a lo segundo en la serie mencionada.

> *Mr. Black and Professor Green were at the meeting. The former (Mr. Black) was bored, but the latter (Professor Green) asked a lot of questions.*

> El Sr. Black y el profesor Green estaban en la reunión. El primero (el Sr. Black) estaba aburrido, pero el segundo (el profesor Green) hizo muchas preguntas.

Cómo analizar los pronombres relativos en inglés (continuación)

Aquí se usa el pronombre *whom* porque:

1. es el complemento indirecto (nótese que no está separado del antecedente por comas).

2. se refiere a una persona.

3. tiene una función especificativa.

> The **old house** is falling down. I lived **in that house** as a child.
> La vieja casa se está derrumbando. Viví en esa casa cuando era niño.

> The old house **where (in which) I lived as a child** is falling down.
> La vieja casa en que viví cuando era niño se está derrumbando.

Aquí se usa *where* porque:

1. reemplaza una preposición que expresa relación de lugar + complemento del nombre (sin separarse del antecedente por medio de comas).

2. se refiere a una cosa (es también correcto decir *in which*, pero resulta más formal).

> The **woman** lives in New York. I took **her** coat.
> La mujer vive en Nueva York. Me llevé el abrigo de esa mujer.

> The woman **whose coat I took** lives in New York.
> La mujer cuyo abrigo me llevé vive en Nueva York.

Aquí se usa el pronombre *whose* porque:

1. indica posesión (no está separado por comas del antecedente).

2. se refiere a una persona.

3. tiene una función especificativa (define de qué mujer se habla).

Los pronombres demostrativos en inglés

¿QUÉ FORMAS TIENEN? El pronombre demostrativo tiene solamente cuatro formas en inglés.

singular	plural
this (one)	*these*
that (one)	*those*

¿QUÉ USOS TIENEN? Distinguen entre lo que está cerca *(this, these)* y lo que está lejos *(that, those)* y entre el singular y plural. No sufren cambios de género o de caso.

> I can't decide which of the chairs to buy.
> **This one** is lovely, but **that one** is comfortable. o **This** is lovely but **that** is comfortable.

> No puedo decidir cuál de las sillas comprar.
> Ésta es bonita, pero aquélla es cómoda. (el español utiliza un mismo pronombre para *this* y *this one* y para *that* y *that one*.)

Esto, eso y *aquello* se pueden traducir al inglés por *that*. Para expresar el valor de la distancia implícito en el pronombre *aquello*, el hablante nativo del inglés dice *that one over there*. Sin embargo, esta distinción no se hace siempre.

Los pronombres interrogativos en español

¿QUÉ SON? Los pronombres interrogativos son los que se usan para hacer preguntas.

¿QUÉ FORMAS TIENEN? Los interrogativos suelen confundir tanto en español como en inglés por el mero hecho de que las mismas palabras tienen usos distintos.

	singular	plural	equivalente en inglés
persona	¿quién?	¿quiénes?	*who? whom?*
cosa	¿qué?	¿qué?	*what?*

¿QUÉ USOS TIENEN? En español, *¿qué?* puede ser tanto sujeto o complemento de un verbo como complemento de una preposición. Las diferentes formas de *¿cuál?* no cambian para adaptarse a sus diferentes funciones gramaticales tampoco. Sin embargo, existen varias formas del pronombre interrogativo que tienen la función de llevar la marca del género y del número.

1. persona, sujeto   **¿Quién (quiénes)** llega(n)? María. o Los Smith.

2. cosa, sujeto   **¿Qué** pasa? Nada.

3. persona, c. directo   **¿A quiénes** vio usted? A Lola y a Tomás.

4. cosa, c. directo   **¿Qué** haces? Mi tarea.

5. persona, c. indirecto   **¿A quién** le habla(s)? A María.

6. persona, c. preposicional   **¿Con quién** va usted? Con Jesús.

7. cosa, c. preposicional   **¿En qué** piensa usted? En la música.

Los interrogativos de selección obligan a **escoger:** *¿Cuál(es)?* Estas formas concuerdan en **género y número** con el nombre que reemplazan.

¿QUÉ FORMAS TIENEN?

	singular	plural	equivalente en inglés
persona	¿cuál?	¿cuáles?	*which one? which ones?*
cosa	¿cuál?	¿cuáles?	*which one? which ones?*
masc.	¿cuánto?	¿cuántos?	*how much (how many)?*
fem.	¿cuánta?	¿cuántas?	*how much (how many)?*

¿QUÉ USOS TIENEN? Los pronombres interrogativos se emplean con el fin de establecer una opción entre varias otras posibles.

Tengo tres **periódicos**. **¿Cuál** prefieres?
Hay muchas **tiendas** cerca de la plaza. **¿Cuáles** prefieren Uds.?

Los pronombres interrogativos en inglés

¿QUÉ FORMAS TIENEN? Los pronombres interrogativos adoptan formas diferentes para referirse a personas o cosas. La palabra que se utiliza para referirse a la gente, *who*, también sufre cambios según la función que desempeñe (el caso).

	personas	**cosas**
sujeto	*who?*	*which ones? what?*
complemento	*whom?*	*which ones? what?*

Los interrogativos son invariables en cuanto al número. *Who?*, *whom?* o *what?* pueden referirse tanto a uno como a más de uno. El interrogativo *which* tampoco sufre ningún cambio, aunque puede ser seguido de las palabras *one* (en el singular) o *ones* (en el plural).

1. En el inglés formal muchos hablantes distinguen entre *who?* (¿quién[es]? = sujeto del verbo) y *whom?* (¿a/de quién[es]? = complemento del verbo).

2. El pronombre interrogativo *what?* en inglés es tanto sujeto como complemento (del verbo o de una preposición). No sufre ningún cambio de forma para concordar con el género y el número.

¿QUÉ USOS TIENEN?

1. persona, sujeto — ***Who*** *is coming? Mary.* o *The Smiths.*

2. cosa, sujeto — ***What*** *is going on? Nothing.*

3. persona, c. directo — ***Whom*** *did you see? Lola and Thomas.*

4. cosa, c. directo — ***What*** *are you doing? My homework.*

5. persona, c. indirecto* — ***To whom*** *are you speaking? To Mary.*

6. persona, c. preposicional — ***With whom*** *are you going? With Jesús.*

7. cosa, c. preposicional — ***About what*** *are you thinking? About the music.*

*NOTA: *To* o *for* indican el complemento indirecto. Para un repaso del complemento indirecto, véase la pág. 16.

Which es un pronombre interrogativo también relacionado con el concepto de la selección. Puede emplearse solo en su forma simple *which?* tanto en el singular como en el plural o también con *one: which one(s)?*

> *Here are two books.* ***Which (one)*** *do you want?*
> Aquí hay dos libros. ¿Cuál quieres?

> *There are many good shops in town.* ***Which one (ones)*** *do you like best?*
> Hay muchas tiendas buenas en la ciudad. ¿Cuál le gusta más?/¿Cuáles le gustan más?

Los pronombres indefinidos en español

¿QUÉ SON? Los indefinidos son los pronombres que no se refieren a personas específicas, tales como *todo, todos, alguien, algo, algunos/as nadie, nada, ningunos/as,* etc.

¿QUÉ FORMAS TIENEN? (Véase **¿Qué son?**)

¿QUÉ USOS TIENEN? Se emplean estos pronombres como el sustantivo. El pronombre indefinido funciona como el sujeto del verbo y como el complemento del verbo o de la preposición.

Los pronombres indefinidos en inglés

¿QUÉ SON? Los indefinidos son los pronombres que no se refieren a personas específicas, tales como *all, everything, everyone, something, some, someone, somebody, nothing, nobody, no one, none,* etc.

¿QUÉ FORMAS TIENEN? Los pronombres indefinidos no sufren cambios en inglés.

¿QUÉ USOS TIENEN? Se emplean estos pronombres como el sustantivo. El pronombre indefinido funciona como el sujeto del verbo y como el complemento del verbo o de la preposición.

CAPÍTULO
CINCO

ADJETIVOS

Presentación de los adjetivos en español

¿QUÉ SON? Véase la pág. 9.

¿QUÉ FORMAS TIENEN? Los adjetivos en español concuerdan en género y número con el nombre o pronombre que califican. Para describir un grupo de género combinado (masc. y fem.), se utiliza la forma masculina plural.

¿QUÉ USOS TIENEN? Los usos principales del adjetivo son:

    1. como calificativo de **nombres** y **pronombres.**

    2. como complemento de un **sujeto** o del **objeto de un verbo.**

Su función determina la posición que ocupa en la oración.

¿QUÉ TIPOS HAY? Cada uno de los diferentes tipos de adjetivos se discutirá por separado.

    1. los **calificativos**: describen un nombre o un pronombre
        a. los participios pasados (véase la pág. 90) pueden usarse como adjetivos
        b. las locuciones pueden usarse como adjetivos

    2. los **gentilicios** y otros **adjetivos derivados de nombres propios** se forman a partir de los nombres de una persona, de un lugar, etc.

    3. los **determinativos** o **restrictivos**: incluyen los **demostrativos,** los **posesivos,** los **indefinidos,** los **interrogativos,** los **numerales** y los adjetivos en función de **determinantes**

Presentación de los adjetivos en inglés

¿QUÉ FORMAS TIENEN? Algunos adjetivos son invariables mientras que otros cambian de forma. Estos cambios dependen del tipo de adjetivo que sea. Los adjetivos no concuerdan ni en género ni en número con los nombres que modifican.

¿QUÉ USOS TIENEN? Los usos principales del adjetivo son:

1. como calificativos de **nombres** y **pronombres.**

2. como complemento de un **sujeto** o del **objeto de un verbo.**

¿QUÉ TIPOS HAY? Cada tipo de adjetivo se discutirá por separado.

1. los **calificativos**

2. los **gentilicios** y otros **adjetivos derivados de nombres propios**

3. los **determinativos** o **restrictivos:** Éstos limitan el número de posibilidades. Incluyen los **demostrativos, posesivos, indefinidos, interrogativos,** los **numerales** y los adjetivos en función de **determinantes.**

SINTAXIS DEL ADJETIVO. La función del adjetivo es la que determina el lugar que éste ocupará en la oración.

1. Los adjetivos **preceden** a los nombres y a los pronombres que modifican.

   Buy ***that small white*** house, or the ***blue*** one.
      adj.   adj.   adj.   nombre   adj. pronombre

   Compra esa pequeña casa blanca, o la azul.

2. Cuando modifican a los pronombres indefinidos, los adjetivos aparecen **después** del pronombre.

   Something   ***terrible*** *is happening.*
   pron. indef.   adj.

   Algo terrible pasa.

3. Cuando describe el sujeto del verbo, el adjetivo aparece **después** del verbo *to be* o de un verbo auxiliar, o sea que aparece en la tercera posición.

   Mrs. Miller is ***happy.*** *They seem*   ***pleased.***
       to be adj.   verbo aux. adj.

   La Sra. Miller está contenta. Ellos parecen satisfechos.

4. Cuando describe el complemento del verbo, el adjetivo aparece **después** del nombre o del pronombre que sirve de complemento directo.

   That made the exam   ***hard.*** *We considered him*   ***crazy.***
       nombre   adj.   pron.   adj.

   Eso hizo el examen difícil. Lo consideramos loco.

Cuando hay un gran número de adjetivos (o de palabras usadas como tales) que describen un nombre, los adjetivos se colocan en el orden siguiente antes del nombre:

(continúa en la pág. 49)

Los adjetivos calificativos en español

¿QUÉ SON? Los **adjetivos calificativos** describen un nombre o un pronombre.

¿QUÉ FORMAS TIENEN? Muchos adjetivos calificativos sufren cambios para concordar en género y número con la palabra que describen, pero nunca cambian para indicar su función en la oración. Muchos se declinan (o cambian de forma), sin embargo, en las comparaciones. (véase la pág. 52)

1. En español, muchos adjetivos calificativos terminan en "-o" en la forma masculina singular y en "-a" en la femenina singular. El plural de cada una de estas formas se forma al añadir una "-s".

	sing.	plural
masc.	bueno	buena
fem.	buenos	buenas

2. La mayoría de los adjetivos calificativos que no terminan en "-o" o en "-a" en su forma singular tienen una misma forma que sirve de femenino y masculino. El plural de estos adjetivos se forma al añadirle "-es" al singular. Hay sin embargo una excepción: cuando el adjetivo calificativo ya termina en "-e" en el singular. En este caso, solamente añada "-s" a la forma singular. Para ver algunas excepciones, refiérase a los ejemplos que se clasifican bajo el punto b. más adelante.

   a. Ejemplos de adjetivos que tienen solamente una forma singular con sus formas plurales equivalentes:

sing.	plural	equivalente en inglés
fácil[1]	fáciles	*easy*
doble[2]	dobles	*double*
feroz[3]	feroces	*ferocious*

   b. Los adjetivos que se refieren a una región geográfica y que terminan en consonante, por lo general tienen una forma femenina singular; su forma plural masculina se termina en "-es".

masc. sing.	fem. sing.	masc. plural	fem. plural
andaluz	andaluza	andaluces	andaluzas
español	española	españoles	españolas
portugués	portuguesa	portugueses	portuguesas
inglés	inglesa	ingleses	inglesas

---

[1]Otros adjetivos comunes que siguen este modelo incluyen: difícil/difíciles, útil/útiles, familiar/familiares.

[2]Otros ejemplos comunes incluyen: *pobre/pobres, grande/grandes, verde/verdes.*

[3]Otros ejemplos comunes incluyen: *audaz/audaces, capaz/capaces, sagaz/sagaces.*

(continúa en la pág. 50)

Presentación de los adjtivos en inglés (continuación)

Primero: Los determinantes

any, each, etc. (cualquier, cada, etc.) + artículos + demostrativos + posesivos + ordinales (*first* = primero,... etc.) + palabras que expresan cantidad (*two, many* = dos, muchos)

Después: Adjetivos calificativos

descripción + tamaño + edad + forma + color + nacionalidad (origen) + material + propósito + nombre

Por ejemplo: *A beautiful big old square white colonial-style frame family home.*
Una hermosa casa antigua, grande y blanca, con una estructura cuadrada de estilo colonial.

Combinación: ***Both the first two** students whom I met in Chicago lived in **a beautiful big old square white colonial-style frame family** home.*

Los dos estudiantes que conocí en Chicago vivían en una hermosa casa antigua, grande y blanca, con una estructura cuadrada de estilo colonial.

✔ **VERIFICACIÓN RÁPIDA** Si quiere tener una serie de adjetivos que modifiquen el mismo nombre, compare su oración y las dos listas que acabamos de presentar. Éstas no cubren cada ejemplo que existe, pero le servirán de guía en la gran mayoría de los casos. Veamos otro tipo de palabras que pueden usarse en los lugares reservados al adjetivo en la oración: (véase también la pág. 91)

Talking** birds are **fascinating. (Los pájaros que hablan son fascinantes.)

Aquí los participios presentes sirven de **adjetivo calificativo** y de **atributo.**

*The **chosen** girls formed a team.* (Las niñas escogidas formaron un equipo.)

Si el participio (de) presente es restrictivo (si define o identifica el nombre), entonces aparece después del nombre:

*The girls **chosen** left early.* (Las niñas que fueron escogidas se fueron temprano.)

Las locuciones que se emplean como adjetivos siempre aparecen después del nombre:

*The house **on the corner** caught fire.* (La casa de la esquina se incendió.)

Los adjetivos calificativos en inglés

¿QUÉ SON? Los **adjetivos calificativos** describen un nombre o un pronombre.

¿QUÉ FORMAS TIENEN? Los calificativos son invariables en cuanto a género, número y caso. Muchos, sin embargo, sufren cambios al usarse en comparaciones. (Véase la pág. 53.)

NOTAS: Veamos algunos problemas con los adjetivos y los adverbios:

1. Los adjetivos *good* (buen, bueno) y *well* (bien) se confunden muy a menudo porque *well* es un adjetivo que significa "en buena salud" y además es un adverbio que quiere decir "bien".

    *She is a **good** pianist.* (Ella es una buena pianista.)
    *She plays the piano **well.*** (Ella toca el piano bien.)

(continúa en la pág. 51)

Los adjetivos
calificativos
en español
(continuación)

NOTAS:

1. Los adjetivos que terminan en "-án", "-ón", "-ín", "-eta", "-ota" y "-or" forman su femenino de manera regular. Las formas comparativas del adjetivo (véase la terminación "-or" en la pág. 54 y los ejemplos *superior, ulterior,* etc.) tienen la misma forma en el femenino y en el masculino singular.

2. Un pequeño grupo de adjetivos, no solamente los calificativos, tiene una forma abreviada que se emplea antes de los nombres masculinos singulares, por ejemplo: *alguno = algún: algún libro; bueno = buen: buen tiempo.* La misma forma del adjetivo se usaría en inglés.

3. El adjetivo *grande* se convierte en *gran* delante de la mayoría de los nombres singulares de cualquier género, aunque *grande* puede usarse también para crear énfasis y en el lenguaje literario. De vez en cuando *primero* y *tercero* se comportan de la misma manera: *un gran presidente; una gran amiga; el primer lugar; el tercer puesto.* El inglés no hace este tipo de distinción.

4. Si dos adjetivos que tienen una forma abreviada se utilizan delante de un nombre singular, ambos utilizan su forma abreviada a menos que estén conectados por una conjunción como "y".

5. Los adjetivos que hemos mencionado en las categorías 1, 2 y 3 que acabamos de ver, guardan su forma normal cuando están unidos por una conjunción. Algunos de estos adjetivos pueden usarse antes o después de un nombre. No obstante, cuando se utilizan después del nombre, conservan su forma normal.

SINTAXIS. La mayoría de los adjetivos calificativos aparecen **después** del nombre.

1. Algunos adjetivos comunes cambian de significado dependiendo del lugar que ocupen en la oración. El inglés utiliza palabras totalmente diferentes para los adjetivos en estas posiciones.

adjetivo	antes	después
antiguo/a	*ancient*	*former*
cierto/a	*some*	*definite*
diferente	*various*	*unalike*
nuevo/a	*another*	*brand-new*
pobre	*pitiable*	*not rich*

2. Existen algunos adjetivos cuyo significado varía ligeramente cuando aparecen antes o después del nombre. En estos casos, el aparecer antes del nombre sugiere una cualidad determinante: *la **blanca** nieve* (la nieve es naturalmente blanca); *la ropa **blanca*** (en este caso muchos colores son posibles). En inglés no se hace esta distinción.

3. Cuando dos adjetivos calificativos aparecen juntos, el que tiene una asociación más estrecha con el nombre aparece primero: *la pintura **mexicana moderna.***

4. Como algunos adjetivos se anteponen y otros se posponen, podemos encontrar adjetivos antes y después de un nombre.

    el **famoso** presidente **norteamericano,** Abraham Lincoln
    la **gran** escritora **chilena contemporánea,** Isabel Allende
    la **vieja** ciudad **medieval**

Los adjetivos calificativos en inglés (continuación)

*John was sick, but now he is **well** (in good health).*
John estaba enfermo, pero ahora está bien.

Véase también la sección sobre los adverbios en las págs. 65 y 67.

2. Existe un segundo problema con los verbos de percepción, como p. ej. *to feel* (sentir/sentirse/creo que/opino que).

    a. Cuando *I feel* sugiere hasta cierto punto una condición, entonces lo usamos con un adjetivo y tratamos el verbo *to feel* como el verbo *to be* (ser/estar):

    I feel bad = Me siento mal = Tengo la impresión de que mi estado de salud no es bueno; Podría estar triste o enfermo.

    b. Cuando *I feel* quiere decir *I am of the opinion that* (creo/pienso que), requiere un adverbio. Por ejemplo:

    I feel differently about that = En cuanto a eso, yo opino de otra manera = Veo la situación de otra forma.

    Contraste el ejemplo anterior con el que sigue:

    I feel different = Me siento diferente = Creo que mi condición no es la misma de siempre.

    Refiérase también a las notas acerca de los adverbios en la pág. 67.

La comparación de adjetivos en español

Los tres grados posibles de una comparación son los siguientes:

el positivo (la forma básica de la palabra)   **el comparativo   el superlativo**

1. En español, los adjetivos regulares forman los grados comparativos con **más** + *adjetivo* para mostrar superioridad, con **tan** + *adjetivo* para mostrar igualdad y con **menos** + *adjetivo* para mostrar inferioridad.

   más grande   tan pequeño   menos importante

2. **Los superlativos** se forman con el *artículo definido* + el comparativo.
   Compare:

positivo	Es una casa **grande.**
comparativo	Es una casa **más grande.**
superlativo	Es **la casa más grande.** Es **la más grande.**

   NOTA: El adjetivo se queda en el mismo lugar en todos sus grados de comparación, ya sea el positivo, el comparativo o el superlativo: *un **gran** amigo, el **mejor** amigo; una cosa **útil**, la cosa **más útil**.*

   Note que existe también un **superlativo absoluto** que se forma al insertarle "-ísimo(a)" a la raíz del adjetivo en su grado positivo: *duro, durísimo; natural, naturalísimo.* Existen algunos adjetivos que tienen formas superlativas absolutas irregulares. Por ejemplo, los adjetivos que terminan en "-z" cambian la "z" en "c": *feliz/felic**í**simo, tenaz/tena**c**ísimo.*

   Esta idea se expresa en inglés con el superlativo, con un adjetivo modificado en la mayor parte de los casos por los adverbios *most* o *very*.

3. Las comparaciones irregulares más comunes son:

bueno	mejor
malo	peor
grande	mayor (en cuanto a edad; pero *más grande* en cuanto a tamaño)
pequeño	menor (en cuanto a edad; pero *más pequeño* en cuanto a tamaño)

4. Algunos adjetivos que no admiten comparación incluyen ciertos superlativos absolutos: *único/a, perfecto/a.* Como la unicidad y la perfección no pueden elevarse a un grado mayor, no podemos usar *el (la, los, las) más* con los adjetivos que se refieren a esas ideas.

5. a. Cuando se hace una **comparación** entre dos elementos, para unirlos use una de las estructuras comparativas siguientes: **más** con **que** y **tan** con **como.**

   (nombre/pron. 1) + (verbo) + (pal. comparativa) + (adj.) + que/como + (nombre/pron. 2)

   | Él | es | **más** | grande | que | María. |
   | Juan | es | **tan** | grande | como | yo. |

   b. En el caso de un **superlativo,** use **de** para comparar una cosa con un grupo.

   (nombre/pron. 1) + (verbo) + (pal. comparativa) + (adj.) + de + (nombre/pron. 2)

   | Ella | es | **la más** | grande de | su familia. |

(continúa en la pág. 54)

La comparación de adjetivos en inglés

Los tres grados posibles de una comparación son los siguientes:

el positivo   el comparativo   el superlativo

1. Las comparaciones regulares les añaden *"-er"* y *"-est"* a los adjetivos comunes que por lo general son cortos (tienen una o dos sílabas). A veces estas terminaciones implican también algunos cambios ortográficos: la *"y"* se transforma en *"i"* antes de *"-er"* o de *"-est"*.

short	*shorter*	*shortest*	(corto/a)
pretty	*prettier*	*prettiest*	(bonito/a)

2. Los adjetivos que tienen dos o más sílabas, que son menos comunes, se comparan al usar *more* y *most* para indicar un grado mayor, *(just) as* para indicar igualdad y al usar *less* y *least* para indicar un grado inferior.

(grado mayor)	*caring*	**more** *caring*	**most** *caring* (atento/a)

    (igualdad)   **(just) as** *interesting as*
    tan interesante como. (*Just* pone el énfasis en la igualdad.)

(grado menor)	*determined*	**less** *determined than*	**least** *determined*
	decidido(a)	menos decidido que	el menos decidido

3. Algunos adjetivos tienen comparaciones irregulares.

good	*better*	*best*	(bueno)
bad	*worse*	*worst*	(malo)

4. Algunos adjetivos que no admiten comparación incluyen ciertos superlativos absolutos: *único/a*, *perfecto/a*, etc., que son superlativos por definición. La unicidad y la perfección no pueden elevarse a un grado mayor.

5. Las palabras siguientes presentan el segundo elemento de una comparación:

    *He is taller **than** I (am). The movie is less interesting **than** the book.* (comparativo)
    Él es más alto que yo. La película es menos interesante que el libro.

    *He is the tallest boy **in** the class.* o: *He is the tallest **of all** of my students.* (superlativo)
    Él es el más alto de la clase. o: Él es el más alto de todos mis estudiantes.

Si a partir del contexto todos saben que lo estamos comparando a él con otras personas de la clase, podemos abreviar la expresión y decir: *He is the tallest **of all**.* (Él es el más alto de todos.)

    *They are **as** angry **as** we are. They are **just as** angry **as** we are.* (igualdad)
    Ellos están **tan** enojados **como** nosotros.

Las formas comparativas y superlativas pueden crearse con dos estructuras: con las terminaciones *"-er"* y *"-est"* **o** con las palabras *more* o *most*, pero **nunca** con las dos estructuras simultáneamente.

Un contraste mayor puede expresarse con palabras como *much*, o con la expresión *a great deal more (or less)*:

    much *smaller*, **much more** *difficult*, **a great deal** *less difficult*
    mucho más pequeño/a, mucho más difícil, muchísimo menos difícil

(continúa en la pág. 55)

Los adjetivos
calificativos
en español
(continuación)

✔ VERIFICACIÓN RÁPIDA

Comparativo: 1) hombres   2) mujeres   3) ser alto/inteligente

(nombre 1[1]) + (verbo) + (palabra comparativa) + (adj.) + que/como + (nombre 2[1])

Los hombres	son	más	altos	que	las mujeres.
Los hombres	son	tan	inteligentes	como	las mujeres.

Superlativo: 1) Consuelo   2) la clase   3) ser lista

(nombre 1[1]) + (verbo) + (palabra comparativa) + (adj.) + de + (nombre 2[1])

Consuelo	es	la más	lista	de	la clase.

Errores posibles:

1. sintaxis — véase la sección "Verificación rápida".

2. verbo — tiene que concordar con el sujeto.

3. adjetivo — tiene que concordar con el nombre o el pronombre que describe.

Los gentilicios y otros adjetivos derivados de nombres propios en español

Los gentilicios son adjetivos derivados de nombres propios que funcionan como los adjetivos calificativos. (Véase la pág. 14.)

nombre	adjetivo
Roma	romano/a
Venezuela	venezolano/a
Cervantes	cervantino/a, cervántico/a, cervantesco/a

A pesar de que los gentilicios y otros adjetivos se forman a partir de nombres propios, no llevan mayúscula.

---

[1]Los nombres pueden sustituirse por una locución nominal o por un pronombre.

Los adjetivos calificativos en inglés (continuación)

✔ VERIFICACIÓN RÁPIDA

Comparativo: 1) *men*   2) *women*   3) be tall / intelligent

(nombre 1[1]) +   (verbo) +   (palabra comparativa + adj.) + conjunción + (nombre 2[1])

Men	*are*	*taller*	*than*	*women.*
Los hombres	son	más altos	que	las mujeres.
Men	*are*	*as intelligent*	*as*	*women.*
Los hombres	son	tan inteligentes	como	las mujeres.

Superlativo: 1) *Carla*   2) *the class*   3) *be diligent*

(nombre 1[1]) + (verbo) + (palabra comparativa) + (adj.) + in/of + (nombre 2[1])

Carla	*is*	*the most*	*diligent*	*in*	*the class.*
Carla	es	la más	diligente	de	la clase.

Errores posibles:

1. sintaxis — véase la sección "Verificación rápida".

2. verbo — tiene que concordar con el sujeto.

Los gentilicios y otros adjetivos derivados de nombres propios en inglés

Los **gentilicios** y otros adjetivos derivados de nombres propios tienen la misma función en inglés y en español. Sin embargo, existen diferencias en cuanto a la manera en que éstos se forman.

nombre	**adjetivo**
Rome (Roma)	*Roman* (romano/a)
Venezuela	*Venezuelan* (venezolano/a)
Shakespeare	*Shakespearian* (shakesperiano)

En inglés, tanto el nombre propio como el adjetivo llevan mayúscula. A veces es imposible distinguirlos:

*the **Spanish*** (nombre);   *the **Spanish** people* (adjetivo) = ambos se refieren al pueblo español

---

[1]Los nombres pueden sustituirse por una locución nominal o por un pronombre.

Los adjetivos determinativos en español

Los **adjetivos determinativos** no expanden nuestros conocimientos acerca de los nombres a los que se refieren. Lo que hacen es guiarnos hacia el nombre correcto, al limitar nuestras opciones:

1. **este** capítulo (y no otro)
2. **nuestro** libro (no el suyo)
3. **algunas** personas (y no otras)
4. ¿**qué** abrigo? (el hablante quiere limitar las posibilidades)
5. la **segunda** lección (y no la primera)

La categoría de adjetivos determinativos comprende otras subdivisiones que tendremos que discutir por separado: los demostrativos, posesivos, interrogativos, indefinidos y otros.

Los adjetivos demostrativos en español

¿QUÉ SON? Los **adjetivos demostrativos** se refieren a una o varias personas o cosas en específico dentro de un grupo.

¿QUÉ FORMAS TIENEN? Los demostrativos concuerdan en género y número con el nombre que modifican.

masculino	femenino	masc. plural	fem. plural	equivalentes en inglés
este	esta	estos	estas	*this/these*
ese	esa	esos	esas	*that/those*
aquel	aquella	aquellos	aquellas	*that/those*

¿QUÉ USOS TIENEN? Para ubicar a alguien o algo, las formas de *aquel* expresan una mayor distancia en el espacio que las formas de *ese:*

aquella mujer = la que está allá
esa mujer = en oposición a la que está más cerca = **esta** mujer
Esta mujer le habla a **ese** hombre.
Este hombre ama a **aquella** mujer (la que está allá).

Los adjetivos posesivos en español

¿QUÉ SON? Los **adjetivos posesivos** modifican un nombre al indicar a quién o a qué éste pertenece.

Los posesivos son adjetivos, por lo tanto **concuerdan** en **género** y **número** con el nombre que modifican. El dueño (o la persona con quien otra está relacionada, como p. ej. *mi esposa/tu amigo*) determina qué adjetivo debemos usar, pero no determina su forma.

(continúa en la pág. 58)

Los adjetivos determinativos en inglés

Los **adjetivos determinativos** no expanden nuestros conocimientos acerca de los nombres a los que se refieren. Lo que hacen es guiarnos hacia el nombre correcto, al limitar nuestras opciones:

1. *this* chapter (y no otro)
2. *our* book (y no el suyo)
3. *some* people (y no otras)
4. *which* coat? (el hablante quiere limitar las posibilidades)
5. *the* *second* lesson (y no la primera)

Para las subdivisiones que existen bajo esta categoría, refiérase a la lista en la sección de español.

Los adjetivos demostrativos en inglés

¿QUÉ FORMAS TIENEN? Tienen las mismas formas que los pronombres demostrativos (refiérase a la pág. 41) y de la misma manera sirven para distinguir entre lo que está lejos y lo que está cerca y entre lo singular y lo plural.

	singular	**plural**
cerca	*this*	*these*
	este/a	estos/as
lejos	*that*	*those*
	ese/a	esos/as

No concuerdan ni en género ni en número. Tampoco tienen caso. El adjetivo demostrativo precede al nombre.

> ***This*** *woman is talking to* ***that*** *man.* (Esta mujer le habla a ese hombre.)
> ***These*** *little boys hate* ***those*** *dogs.* (Estos niñitos odian esos perros.)

Los adjetivos posesivos en inglés

¿QUÉ SON? Los **adjetivos posesivos** indican la persona, el número (en la primera y la tercera persona) y el género (solamente en la tercera persona singular) del "poseedor" (que es el dueño y también puede ser la persona con quien otra está relacionada).

¿QUÉ FORMAS TIENEN?

persona	**singular**	**plural**
1ra	*my*	*our*
2da	*your*	*your*
3ra	*his*	*their*
	her	
	its	
	one's	

(continúa en la pág. 59)

Los adjetivos posesivos
en español
(continuación)

¿QUÉ FORMAS TIENEN?

		singular	plural	equivalente en inglés
singular	1ra	mi	mis	*my*
	2da	tu	tus	*your*
	3ra	su	sus	*his, her, its, one's, your*
plural	1ra	nuestro/a	nuestros/as	*our*
	2da	vuestro/a	vuestros/as	*your*
	3ra	su	sus	*their, your*

NOTAS:

1. Como el adjetivo *su(s)* puede utilizarse para personas diferentes, será el contexto el que determinará a quién o a qué el hablante se refiere.

En el caso de que el contexto sea ambiguo, entonces use el nombre + *de* y un pronombre.

el libro de María = **su** libro o **el** libro **de ella**

2. Para darle énfasis al adjetivo, colóquelo **después** del nombre y use las formas *mío(s), mía(s), tuyo(s), tuya(s), suyo(s), suya(s).*

Contraste: **mi** amigo, el amigo **mío**

*Los adjetivos posesivos
en inglés
(continuación)*

Los adjetivos posesivos no nos dan otra información acerca del nombre que califican (persona o cosa).

Mr. Wood's son = **His** son	**Mrs. Wood's** son = **Her** son	**The Woods'** son = **Their** son
3ra persona	3ra p.	3ra p.
masc. sing.	fem. sing.	plural

NOTAS:

1. Los adjetivos en la primera persona indican el número de personas que poseen algo o que tienen una relación con otra persona: *my* (mi) = singular; *our* (nuestro) = plural.

2. La segunda persona no indica ni género ni número.

3. Tenga cuidado. Observe el número de equivalentes que los adjetivos *su/sus* pueden tener en inglés. Por lo tanto solamente el contexto puede ayudar a determinar de qué adjetivo posesivo se trata en inglés. ¿Pertenece el nombre a la persona a quien hablamos? Entonces la forma adecuada es *your.* Si el nombre pertenece a otra persona, ¿se trata de un hombre, de una mujer, de más de una persona? Para un hombre escoja *his,* para una mujer, *her* y para más de una persona, entonces escoja *their.*

4. Caso ambiguo: ¿Tiene usted su libro? *Do you have your book, her book, his book?* Caso inequívoco: Tengo el libro de usted *(your book),* el libro de él *(his book).*

5. Para poner el énfasis en el posesivo en inglés, o contrastar la idea con su opuesto, levante un poco la voz o incluya las palabras *own* o *very own.* Puede además combinar cualquiera de estas posibilidades.

> *This is **my** book, **my (very) own** book, **my** book, not **yours.***
> Éste es **mi** libro, mi **propio** libro, **mi** libro y no el **tuyo.**

PARA REPASAR
persona en el singular/objeto poseído en el singular o en el plural

1ra p.	Tengo mi libro/mis libros.	*I have my book/my books.*
2da p.	Tienes tu libro/tus libros.	*You have your book/your books.*
2da p.	Tiene usted su(s) libro(s).	*You have your book/your books.*
3ra p.	Clara (Ella) tiene su libro/sus libros.	*Clara (She) has her book/her books.*
3ra p.	Juan (Él) tiene su libro/sus libros.	*John (He) has his book/his books.*

persona en el plural/objeto poseído en el singular o en el plural

1ra p.	Tenemos nuestro(s) libro(s).	*We have our book/our books.*
2da p.	Tenéis vuestro(s) libro(s).	*Do you have your book/your books?*
2da p.	¿Tienen ustedes su(s) libro(s)?	*Do you (all of you) have your book / books?*
3ra p.	Juan y Clara tienen su(s) libros.	*John and Clara have (your/his/her/their) book(s).*

¿QUÉ USOS TIENEN? El adjetivo posesivo siempre va acompañado de un nombre:

> **my** mother, **our** child, **your** turn
> mi madre, nuestro niño, tu turno

Si queremos omitir el nombre, debemos usar un pronombre y **no** un adjetivo: por ejemplo, *mine, ours.* (Véase la pág. 31.)

Los adjetivos interrogativos en español

¿QUE SON? Los **adjetivos interrogativos** hacen preguntas que limitan las posibilidades del nombre.

¿QUÉ FORMAS TIENEN? Al contrario del inglés, cuando estos adjetivos no son invariables, concuerdan en género y número con el nombre que modifican.

masc. sing.	fem. sing.	masc. plural	fem. plural	equivalente en inglés
¿qué?	¿qué?	¿qué?	¿qué?	*which? what?*
¿cuál?	¿cuál?	¿cuáles?	¿cuáles?	*which?*
¿cuánto?	¿cuánta?	¿cuántos?	¿cuántas?	*how much? how many?*

NOTAS:

1. Como podemos ver en la tabla anterior, el adjetivo *¿qué?* tiene solamente una forma y por lo tanto no expresa distinciones ni de género ni de número.

2. Aunque el adjetivo *¿cuál?* tiene dos formas, la singular y la plural, mantiene una misma forma para los dos géneros.

3. Las formas de *¿cuánto?* reflejan tanto el género como el número de lo que se cuenta.

¿QUÉ USOS TIENEN?

1. Para hacer una pregunta: ¿**Cuántos** libros tienes? ¿**Qué** hora es?
2. Para pedir una definición: ¿**Qué** es un soneto?
3. Para distinguir entre varias posibilidades: ¿**Cuál** es la tarea para mañana?
4. Como exclamación: ¡**Qué** casa más bonita!

Los adjetivos indefinidos en español

¿QUÉ SON? Los **adjetivos indefinidos** se refieren a nombres o a pronombres que no van a ser definidos de una manera más específica.

Algunos estudiantes aprenden rápidamente.

Ambas conferencias se reúnen a las diez.

Quisiera **otra** cosa.

Cualquier mujer se lo diría a usted.

Cada ser humano tiene valor.

Todo el mundo cree eso.

¡**Tal** cosa es reprensible!

No hay **ningún** libro en la mesa.

Los adjetivos indefinidos, como los calificativos, concuerdan en género y número con el nombre que modifican.

Los adjetivos interrogativos en inglés

¿QUÉ FORMAS TIENEN? Los **adjetivos interrogativos** tienen las siguientes formas: *which?* (¿qué?/¿cuál?), *what?* (¿qué?), *whose* (¿de quién? [pronombre]). No tienen género ni número aunque *whose* tiene caso.

sujeto y complemento: *which, what*
posesivo: *whose*

¿QUÉ USOS TIENEN?

1. Para hacer una pregunta: ***What** time is it?*

2. Para pedir una definición: ***What** is a sonnet?*

3. Para distinguir entre varias posibilidades:

   ***What assignment** is for tomorrow?* (sujeto) (¿Cuál es la tarea para mañana?)
   Which class (entre varias posibilidades) *do you have at 10?* (complemento de objeto)
   ¿Qué clase tiene(s) a las diez?
   ***Whose coat** is this?* (posesivo) (¿De quién es este abrigo?)

4. Como exclamación: *(what a . . .)* ***What a** pretty house!* (¡Qué casa más bonita!)

Los adjetivos indefinidos en inglés

¿QUÉ SON? Los **adjetivos indefinidos** se refieren a nombres o a pronombres que no van a ser definidos de una manera más específica.

Some *students learn fast.*   ***Both*** *lectures are at 10.*

*I'd like **another** one (or something else).*   ***Any*** *woman will tell you that.*

Each *(or **every**) human being is valuable.*   ***Every*** *person believes that.*

Such a *thing is reprehensible.*   *There are **no** books on the table.*

¿QUÉ FORMAS TIENEN? En inglés, estos adjetivos son invariables: no cambian su forma.

Algunos, sin embargo, pueden usarse solamente con nombres en el singular (*each* = cada, *every* = todo/a, *another* = otro/a).

Algunos pueden usarse solamente con nombres en el plural (*both* = ambos/as, *other* = otros/as).

Algunos pueden usarse tanto con nombres en el plural como en el singular (*some: some coffee* (= un poco de café, incontable), *some people* (= algunas personas, contable).

Algunos tienen un significado negativo cuando se usa sin el artículo en inglés:

*I have **a few** apples.* (Tengo algunas manzanas.) = positivo: *I do have some* (Tengo algunas); *They have **few** possibilities.* (Tienen pocas posibilidades.) = negativo: *They do not have very many.* (No tienen muchas.)

*They have **a little** money.* (Tienen un poco de dinero.) = positivo; *There is **little** chance of that.* (Hay poca probabilidad de que eso ocurra.) = negativo: casi ninguna.

Otros adjetivos determinativos en español

1. LOS ADJETIVOS ORDINALES muestran el orden en que las cosas aparecen. Preceden al nombre y concuerdan en género y número con éste.

> el **primer** presidente; la **primera** actriz; el **quinto** tomo; la **décima** lección

2. LOS DETERMINANTES (véanse las págs. 18 y 20)

3. OTRAS FORMAS ADJETIVALES EN ESPAÑOL

a. la sala **de conferencias** (locución nominal)

b. la tía **querida** (participio pasado)

c. reloj **de pared** (locución preposicional)

d. la ropa **que compré** (oración de relativo)

e. No sé qué **hacer.** (infinitivo)

f. **Por doquier** los estudiantes sienten admiración por él. (locución adverbial)

Otros adjetivos determinativos en inglés

1. LOS ADJETIVOS ORDINALES

¿QUÉ FORMAS TIENEN? *One, two, three* (y todos los números que se terminan en *one, two* y *three* con excepción de *eleven, twelve* y *thirteen*) tienen adjetivos ordinales irregulares: *first, second, third* (primero, segundo, tercero). Los demás adjetivos ordinales se forman al añadirle *-th* al número cardinal: *fourth, ninth, sixteenth,* . . . (cuarto, noveno, décimosexto, ... etc.)

¿QUÉ USOS TIENEN? Además de mostrar el orden en que las personas o cosas aparecen, como en los ejemplos anteriores, los adjetivos ordinales se usan para las fechas:

> *the fifth* (el día del mes es sobreentendido) *of May* = el cinco de mayo

2. LOS DETERMINANTES (véase la pág. 19)

3. OTRAS FORMAS ADJETIVALES EN INGLÉS

a. *a **philosophy** professor* (nombre) un profesor de filosofía

b. *a pile **of leaves*** (locución nominal)   una montaña de hojas

c. ***running** water* (participio [de] presente) el agua corriente

d. *the **required** reading* (participio pasado)   las lecturas requeridas

e. *the poster **on the wall*** (locución preposicional)   el afiche/el cartel en la pared

f. *the dress **that I bought*** (oración de relativo)   el traje que compré

g. *I don't know what **to do.*** (infinitivo)   No sé qué hacer.

h. *Students **from all around** love him.* (locución adverbial)
Los estudiantes en todas partes lo quieren.

CAPÍTULO
SEIS

ADVERBIOS

Presentación de los adverbios en español

¿QUÉ SON? Véase la pág. 9.

¿QUÉ FORMAS TIENEN? La mayoría de los adverbios se forman a partir de adjetivos calificativos. Simplemente se le añade la terminación "-mente" a la forma femenina del adjetivo: **activa** (adjetivo), **activamente** (adverbio). La mayoría de estos adverbios son adverbios de **modo**. (Véase la sección "¿Qué usos tienen?" más adelante.)

1. Los adverbios, como los adjetivos, pueden utilizarse para comparar:

grado positivo	grado comparativo y superlativo	grado absoluto
rápidamente	más rápidamente tan rápidamente menos rápidamente	lo más rápidamente lo menos rápidamente

Las palabras que se emplean aquí para unir los dos elementos de la comparación son las mismas que utilizamos con los adjetivos. (Véase la sección ✔ **VERIFICACIÓN RÁPIDA** de la pág. 54. En la comparación con adverbios se utilizan las mismas estructuras.)

Juan lee rápidamente.	(grado positivo)
Juan lee **más** rápidamente **que** Pedro.	(grado comparativo de superioridad)
Mirta lee **tan** rápidamente **como** Raúl.	(grado comparativo de igualdad)
Rosita es **la que más** rápidamente habla.	(grado superlativo)
Consuelo lee **lo más** rápidamente posible.	(grado superlativo absoluto)

NOTA: El adverbio —al contrario del adjetivo— tiene solamente una forma.

2. Algunos de los adverbios más comunes no terminan en "-mente", pero se comparan de la misma manera.

Francisco se levanta temprano.	Francisco es **el que más temprano** se levanta.
Juana llegó pronto.	María Luisa llegó **tan pronto como** yo.

3. Cuatro adverbios forman sus comparaciones de manera irregular:

positivo	comparativo	superlativo
bien	mejor	mejor
mal	peor	peor
mucho	más	más
poco	menos	menos

4. Cuando se hacen comparaciones de igualdad con verbos, utilice la estructura **tanto como.**

Francisco habla **tanto como** su padre.

(continúa en la pág. 66)

Presentación de los adverbios en inglés

¿QUÉ FORMAS TIENEN? Los adverbios que se forman a partir de adjetivos descriptivos muy frecuentemente se terminan en *-ly*.

active—actively   *slow—slowly*
(activa-activamente)   (lenta-lentamente)

1. Los adverbios, como los adjetivos, pueden sufrir cambios cuando se usan para establecer una comparación:

grado positivo	grado comparativo	grado superlativo
actively	*more actively*	*most actively*
activamente	más activamente	el/la/lo(s)/la(s) que más activamente
actively	*less actively*	*most actively*
activamente	menos activamente	el/la/lo(s)/la(s) que menos activamente

La forma comparativa se utiliza para mostrar las semejanzas o las diferencias que existen entre la manera en que dos personas o cosas hacen algo. También puede mostrar grados de diferencia que existen al calificar un adjetivo o un adverbio, p. ej.: **very** *early* (muy temprano); **much** *sooner* (mucho más temprano).

El superlativo compara más de dos elementos. Además, tiene que haber una palabra que pueda unir los dos puntos de comparación en la oración:

*John reads **rapidly**.*	(grado positivo)
*John reads **more rapidly than** Peter (does).*[1]	(grado comparativo de superioridad)
*Mirta reads **as rapidly as** Walter (does).*[1]	(grado comparativo de igualdad)
*Rose reads the **most rapidly of** all the students.*	(grado superlativo)
*Connie speaks **the most rapidly**.*	(grado superlativo)

2. Algunos adverbios que no terminan en *"-ly"* pueden terminarse en *"-er"* y en *"-est"*, como lo hacen los adjetivos:

*He runs **fast**, but I run **faster**.*   *Mary runs the **fastest** of all.*
El corre rápidamente, pero yo corro   Mary es la que más (o quien más)
más rápidamente.   rápidamente corre.

3. Ciertos adverbios tienen una forma comparativa irregular:

well	*better*	*best*
bien	mejor	(el/la[s]/lo[s]) mejor(es)
badly	*worse*	*worst*
mal	peor	(el/la[s]/lo[s]) peor(es)

---

[1]El verbo *does* puede omitirse en estas oraciones. El oyente lo sobreentiende.

(continúa en la pág. 67)

Presentación de los
adverbios en español
(continuación)

¿QUÉ TIPOS HAY?

1. los adverbios **de manera** (dicen cómo)

2. los adverbios **de tiempo** (dicen cuándo)

3. los adverbios **de lugar** (dicen dónde)

4. los adverbios **de cantidad** (dicen cuánto, a qué grado o hasta qué punto)

5. los adverbios **de frecuencia** (tipo de locución adverbial de tiempo que dice con qué frecuencia se hace algo)

6. los adverbios **de negación y afirmación**

7. los adverbios **interrogativos** (hacen preguntas)

8. los adverbios **relativos**

¿QUÉ USOS TIENEN?

1. Los adverbios responden a las preguntas ¿cómo?, ¿cuándo?, ¿dónde? o ¿hasta qué punto? que uno puede hacerse acerca de un **verbo, adjetivo** o de **otro adverbio**. A veces un grupo de palabras (la locución adverbial) sustituye a un adverbio ejerciendo su función en la oración.

Ayer	vino	**aquí**	y	**muy**	**pronto** nos relató lo que pasó.
(¿cuándo?)		(¿dónde?)		(¿hasta qué punto?)	(¿cómo?)

2. Los **adverbios de negación** en español

   a. La palabra negativa *no* en español es un adverbio y aparece antes de:

   — una forma verbal simple: **No** hablo inglés.

   — los verbos *haber, estar* y *ser* cuando éstos se utilizan en formas verbales compuestas: **No he visto** a la maestra. **No estamos trabajando** mucho.

   — los pronombres complemento que preceden a los verbos: **No me gusta** esa música.

   b. Otras construcciones negativas comunes (como los adverbios y las otras partes de la oración que expresan también la idea de negación) que acompañan a los verbos son:

no ... jamás[1]	no ... (nada)[2]
no ... nunca[1]	no ...(nadie)[2]
no ... más	no ... (ni [...ni])[2]

---

[1]Estas palabras pueden aparecer antes o después del verbo. Cuando aparecen después del verbo, un *no* tiene que ir delante de ellas:

   Nadie me ama o **No** me ama **nadie.**

   Nunca/Jamás hablo inglés en México o **No** hablo **jamás** inglés en México.

[2]Tenga en cuenta que aunque *nada, nadie* y *ni* no sean adverbios, pueden usarse con el adverbio *no*.

(continúa en la pág. 68)

Presentación de los adverbios en inglés (continuación)

¿QUÉ USOS TIENEN?

1. Los adverbios responden a las preguntas ¿cómo?, ¿cuándo?, ¿dónde? o ¿hasta qué punto? que uno puede hacerse acerca de un **verbo, adjetivo** u **otro adverbio**. A veces un grupo de palabras (la locución adverbial) sustituye a un adverbio ejerciendo su función en la oración.

Yesterday (when)	*he came*	*here* (where)	*and very* (how much)	*quickly told the story.* (how)	

This morning (when)	*he went*	*to school* (where)	*by car.* (how)

Esta mañana (¿cuándo?)	él fue	**a la escuela** (¿adónde?)	**en coche.** (¿cómo?)

2. **Los adverbios de negación.** Algunos adverbios convierten una oración afirmativa en una negación. Entre ellos encontramos palabras como *not, nowhere* y *never.* En inglés estándar solamente se debe utilizar una sola palabra negativa por cada idea. Esto incluye tanto los adverbios de negación como también los nombres y los adjetivos, p. ej.:

*He said **nothing** about that.*	(Él no dijo nada acerca de eso.)
***No one** said **anything** about that.*	(Nadie dijo nada acerca de eso.)

Dos palabras negativas se cancelan una a la otra. Por ejemplo: Si él no dijo nada [piensa el hablante anglosajón], entonces es porque dijo algo.

Por lo tanto, escoja siempre solamente una negación:

*I saw **no one.***	o	*I did **not** see **anyone.*** (No vi a nadie.)
*I have **never** gone there.*	o	*I haven't **ever** gone there.* (Nunca he ido ahí.)

3. **Las preguntas (los adverbios interrogativos).** Otro grupo de adverbios inician las preguntas *when?* (¿cuándo?), *where?* (¿dónde?), *how?* (¿cómo?) y *why?* (¿por qué?). La mayoría de los adverbios, gracias a la relación estrecha que tienen con el verbo, responden a estas preguntas. Sin embargo, las palabras interrogativas en sí son adverbios también.

***When** is he arriving?*	***How** do you know that?*
¿Cuándo llega él?	**¿Cómo** lo sabe(s)?

4. **Las oraciones de relativo.** Los mismos adverbios que se utilizan para hacer preguntas pueden usarse para construir oraciones de relativo. Por lo tanto, estas oraciones nos dicen cuándo, dónde, cómo y por qué la acción del verbo se llevará a cabo. Veamos el siguiente ejemplo:

*We are going to the movies **when** we finish our work.*
Iremos al cine cuando terminemos nuestro trabajo.

Presentación de los adverbios en español (continuación)

No tengo **ni** tiempo **ni** dinero.

No les hablo **ni** a Juan **ni** a Pedro.

No leo **ni** hablo japonés.

No tengo ese libro **ni** puedo comprarlo.

En español, se pueden utilizar varias negaciones en una misma oración —lo que no puede hacerse en el inglés estándar (aunque tratar de hacerlo constituye un error común).

> ¡**No**! **No** le digo **nunca nada** a **nadie.**
> *No! I never say anything to anyone.*

3. **Preguntas (adverbios interrogativos).**

¿**Cuándo** llegaste? Llegué ayer.

¿**Dónde** están los libros? Están en la mesa.

¿**Cómo** te llamas? Me llamo María.

4. Las **oraciones de relativo** empleadas como adverbios.

Me acuesto **cuando he terminado mi trabajo.** (La oración contesta la pregunta *¿cuándo?* **Cuando** = adverbio relativo que funciona como un pronombre relativo aquí.)

Los adjetivos y los adverbios en contraste

No hay que olvidar que el término inglés *good* (= **bueno/a** en español) es adjetivo y se usa para modificar a los sustantivos. No se debe confundir *good* con su adverbio correspondiente, *well* (= **bien**):

Todos mis **estudiantes** son **buenos** y hoy todos **están**   **bien.**
    nombre   adj.   verbo adverbio

Caso similar ocurre con el adjetivo inglés *bad* y su correspondiente adverbio, *badly*:

Ésa es una **tarea**   **mala** y todo el mundo la **hace**   **mal.**
    nombre   adj.   verbo adverbio

Los adjetivos y los adverbios en contraste

Para tener la certeza de que escogemos la palabra correcta, es necesario preguntarse:
¿Describo a alguien (o describo algo)? = adjetivo
¿Describo cómo (cuándo, dónde, por qué, hasta qué punto) se hace algo? = adverbio

> The **poem** is **good,** and the poet **reads** it **well.**
>   nombre   adjetivo   verbo   adverbio

> The **play** is **bad** and it's **badly performed.**
>   nombre   adjetivo   participio en función de tipo adverbial que sirve de
>   adjetivo

Esto es particularmente importante en el caso de verbos que implican un estado mental o afectivo, o en el caso de verbos sensoriales, a los que les sigue un adjetivo o adverbio en la oración. Uno de los ejemplos más comunes es:

> I feel **bad.** (I am unhappy, sick.)
> Me siento mal. (Me siento infeliz, enfermo.)

> I feel **badly.** (My hands are not sensitive.)
> No siento bien. (No tengo sensación en las manos.)

SINTAXIS DEL ADVERBIO

Los adverbios (incluyendo las locuciones que funcionan como adverbios) que modifican a un verbo, por lo general aparecen después de éste y de sus complementos:

> I will show it to her **soon.** (cuándo)
> Voy a enseñárselo a ella **pronto.**

> I gave it to him **last night.** (locución adverbial que indica cuándo)
> Se lo di a él **anoche.**

> Bob drives **carelessly.** (cómo)
> Bob maneja **sin cuidado.**

> Anita saw them **in Boston.** (locución adverbial que indica dónde)
> Anita los vio **en Boston.**

Véase además la sección acerca de la negación en la pág. 67.

El tipo de adverbio determina el lugar que éste ocupará en la oración.

1. Los **adverbios de modo** pueden preceder al verbo o pueden aparecer después de éste y de sus complementos:

   > George plans his work **carefully.** (George planea su trabajo **cuidadosamente.**) o
   > George **carefully** plans his work. (George **cuidadosamente** planea su trabajo.)

2. Los **adverbios de afirmación** por lo general preceden al verbo principal:

   > We **certainly** like to visit our old neighborhood.
   > A nosotros **verdaderamente** nos gusta visitar nuestro antiguo barrio.

   > They **probably** know what happened.
   > **Seguramente** ellos saben lo que ocurrió.

(continúa en la pág. 70)

Los adjetivos y los
adverbios en contraste
(continuación)

*We can **surely** arrange that.*
Nosotros podemos **seguramente** arreglar/organizar eso.

*They have **no doubt** already made plans for Saturday.*
Sin duda alguna, ellos ya han hecho planes para el sábado.

3. Los adverbios de frecuencia pertenecen a un grupo particular de **adverbios (de tiempo)** que indican el grado de repetición de una acción en el tiempo:

*We **always** enjoy seeing you.* (**Siempre** nos gusta verte.)
*They haven't **often** mentioned it.* (No lo han mencionado **a menudo**.)

ÉNFASIS

Muchos adverbios (con la excepción del adverbio *always*) pueden colocarse al principio de una oración, y al pronunciarse con fuerza, se pueden utilizar para crear énfasis o contraste.

***Never** have I seen anything like that!* (En vez de: *I have never seen . . .* [el orden normal])	¡**Nunca** he visto algo semejante! (En vez de: Yo **no** he visto **nunca**...)
***Sometimes** we do go there, but not today!* ***Next week,** we are going to Chicago.*	¡**A veces** sí vamos allá, pero hoy no! **La semana entrante** iremos a Chicago.
***Slowly** he made his way through the crowd.*	**Lentamente,** él se abrió paso entre la gente.

Sintaxis de los adverbios que modifican a los adjetivos y a otros adverbios en la oración:

Normalmente, el adverbio precede directamente al adjetivo o al adverbio que modifica.

*This book is **too** difficult.* (Este libro es **muy** difícil.)

*They thought it was **really** easy.* (Ellos pensaron que era **realmente** fácil.)

*Does he come **very** often?* (¿Viene él **muy** a menudo?)

Cuando *how* o *however* se utilizan para crear énfasis, entonces estos adverbios y las palabras que ellos modifican cambian de lugar y pasan a ocupar el primer lugar en la oración o locución:

***How** pretty you look tonight!* (¡**Qué** guapo/a luces esta noche!)

***However** (No matter how) hard I work, I can't finish on time.* (*However* es más formal que *no matter how*.) (**Por más que trabaje,** nunca puedo terminar a tiempo.)

CAPÍTULO SIETE

Conjunciones

Presentación de las conjunciones en español

¿QUÉ SON? Véase la pág. 9.

¿QUÉ FORMAS TIENEN? Las conjunciones son palabras funcionales e invariables.

¿QUÉ TIPOS HAY? Las conjunciones son palabras que enlazan oraciones. Sin embargo, la naturaleza del enlace establecido y la relación que existe entre las diferentes partes unidas por la conjunción, es lo que determina a cuál de los dos grupos principales una conjunción pertenece: a las **coordinantes** o a las **subordinantes.** Además de estos dos tipos de conjunciones, existen adverbios que funcionan casi como las conjunciones, pero que en vez de enlazar oraciones como las conjunciones suelen hacer, las yuxtaponen. Éstos se llaman **adverbios conjuntivos.**

¿QUÉ USOS TIENEN? Enlazar las diferentes partes de una oración.

1. **Las conjunciones coordinantes** enlazan dos elementos homogéneos o equivalentes para reunirlos en una misma unidad gramatical. Cada elemento del enlace puede estar compuesto de una sola palabra, de grupos de palabras o de una oración completa:

Juan **y** María	(nombres)
Fernando **e** Isabel[1]	(nombres)
vivir **o** morir	(infinitivos)
septiembre **u** octubre[1]	(nombres)
Vinimos para verlo, **pero** no estaba en casa.	(oraciones independientes)

   Hay conjunciones coordinantes, como las que acabamos de ver en el ejemplo anterior (*y, o, ni, pero,...*), que constan de una sola palabra y por eso se llaman **simples.** Pero además hay conjunciones formadas de la unión de dos o más palabras y que por eso se llaman **compuestas.** Veamos algunos ejemplos de éstas últimas:

y ... además	Ella es bonita **y** fuerte **además.**
ni ... ni	No tenemos **ni** tiempo **ni** dinero.
o ... o	**O** nos vamos ahora **o** no vamos nunca.

2. Las **conjunciones subordinantes** no enlazan elementos equivalentes: una parte de la oración está subordinada a la otra. La conjunción introduce la parte subordinada (la parte que no puede existir por sí misma como una oración independiente). Los siguientes son ejemplos de **conjunciones subordinantes simples**:

   Aunque se dio prisa, no llegó a tiempo. (contraste)

   Hablamos español **cuando** los Rodríguez están aquí. (tiempo)

   Somos ricos **porque** mis padres han trabajado siempre duro. (causa)

   Nótese que la idea más importante se encuentra en la oración principal (o independiente). La oración subordinada (o dependiente) nos da información acerca del

---

[1]La conjunción *y* se transforma en *e* antes de las palabras que empiezan con "i-" o con "hi-"; la conjunción *o* se transforma en *u* antes de las palabras que empiezan con "o-".

(continúa en la pág. 74)

Presentación de las conjunciones en inglés

¿QUÉ USOS TIENEN?

1. Como en español, las **conjunciones coordinantes simples** enlazan dos elementos equivalentes de una oración.

*John **and** Mary* (nombres)	(John **y** Mary)
*"to be **or** not to be"* (infinitivos)	("ser **o** no ser")
*We came, **but** he was not at home.*	(Vinimos **pero** él no estaba en casa. = dos oraciones independientes)

Las **conjunciones coordinantes compuestas,** como en español, están formadas de la unión de dos o más palabras.

both ... and	*She is **both** pretty **and** strong.*
neither ... nor	*We have **neither** time **nor** money.*
either ... or	***Either** we go now, **or** we don't go at all (or we never go).*

2. Las **conjunciones subordinantes simples** tienen los mismos usos tanto en inglés como en español.

contraste:	***Although** he hurried, he was late (did not arrive on time).*
tiempo:	*We speak Spanish **when** the Rodríguezes are here.*
causa:	*We are rich **because** my parents have always worked hard.*
	Algunas palabras, como *before, until,* etc. son conjunciones y preposiciones además. (Véase la página 79.)

Las **conjunciones subordinantes compuestas** constituyen un subgrupo que también existe en inglés. Algunas de éstas son: *if...then, so...that,* etc.

*This course is **so** difficult **that** many students complain about it.*

3. Los **adverbios conjuntivos** son iguales en inglés y en español. Incluyen palabras y frases como *therefore, perhaps, also, for example, as a result,* y *in other words.*

Presentación de las conjunciones en español (continuación)

tiempo, de la manera, de las causas o condiciones que marcan la principal y puede además establecer un contraste con ella. La principal no es necesariamente la primera en aparecer en la secuencia. Por lo tanto, en los ejemplos anteriores, se puede invertir el orden de la independiente y de la dependiente sin cambiar el significado de lo que se quiere decir.

El ejemplo que sigue es de una **conjunción subordinante compuesta**:

Este curso es **tan** difícil, **que** muchos estudiantes se quejan de él.

3. Los **adverbios conjuntivos.** Se puede notar por el nombre que los especialistas de la gramática les han dado, que no son realmente ni adverbios ni conjunciones. Caen en esta categoría las palabras y frases como *a menos que, dado que, desde que, hasta que, excepto que, mientras que* y *por ejemplo.*

CAPÍTULO OCHO

INTERJECCIONES

Presentación de las interjecciones en español

¿QUÉ SON? Véase la pág. 9.

¿QUÉ FORMAS TIENEN? Normalmente, las interjecciones forman parte invariable y autónoma del vocabulario.

¿QUÉ USOS TIENEN? Las interjecciones son exclamaciones (que a veces se reducen a un sonido como *¡Ay!)* cuyo valor es el de comunicar emociones. No tienen ninguna relación gramatical con otras palabras de la oración (son autónomas). Puede utilizarlas iniciándolas y cerrándolas con un signo de admiración (¡-!). Son palabras como *¡Oh!, ¡Ay!, ¡Uf!, ¡Hola!, ¡Olé!, ¡Caramba!, ¡Cielos!, ¡Dios!, ¡Dios mío!, ¡Anda!, ¡Cuidado!, ¡Alto!, ¡Caray!* y *¡Qué asco!*

El *¡Qué!* seguido por un nombre o un adjetivo, se utiliza también como exclamación:

¡**Qué** alegría! o ¡**Qué** niña más bonita!

Presentación de las interjecciones en inglés

¿QUÉ FORMAS TIENEN? Como en español, normalmente las interjecciones forman parte invariable y autónoma del vocabulario.

¿QUÉ USOS TIENEN? Como en español, las interjecciones también pueden reducirse a un sonido, como *Ow!,* cuya función es la de comunicar una emoción. Puede usarlas seguidas de una coma: ***Goodness,*** *aren't you ready yet?* (¡**Dios [mío]**, todavía no estás listo/a!) o cerrándolas con un signo de admiración (use solamente el segundo signo de admiración en inglés) para darle un énfasis mayor: ***Heavens!*** *I would never have believed it!* (¡**Cielos!** ¡Nunca lo hubiese creído!).

El *Qué,* seguido por un nombre o un adjetivo, se expresa en inglés con el *What...* y un nombre común o con *What a ...* para una persona. Por ejemplo:

What *joy!* (¡**Qué** alegría!) o ***What a*** *pretty girl!* (¡**Qué** niña más bonita!)

Cuando a la interjección le sigue un adverbio, se utiliza entonces *How..!* en inglés:

How well *you speak English!* o ***What good*** *English you speak!* (¡**Qué** bien habla usted inglés!)

CAPÍTULO
NUEVE

PREPOSICIONES

Presentación de las preposiciones en español

¿QUÉ SON? Véase la pág. 9.

¿QUÉ FORMAS TIENEN? En español, la mayoría de las preposiciones son simplemente elementos del vocabulario corriente. Pueden consistir en:

1. una o varias palabras: *en, al lado de.*

2. son invariables excepto por dos de las preposiciones más comunes, *a* y *de*, las cuales se combinan con el artículo definido en su forma masculina singular *el* para formar *al* y *del.*

   Voy **al** cine.   Vengo **del** mercado.

   PERO: Vengo **a la** casa **de la** profesora.

¿QUÉ USOS TIENEN? Las preposiciones unen un nombre o pronombre (que le sirve de complemento) a otras palabras en la oración y así muestran la relación que tiene ese nombre/pronombre con ellas.

Nunca espere encontrar una correspondencia exacta entre las preposiciones del español y las del inglés. Las preposiciones son traicioneras en ambos idiomas.

Algunas veces escoger una preposición es más difícil en español, pero otras veces, es más difícil el hacerlo en inglés. Por ejemplo: *antes de que, antes de* y *delante de* en inglés quieren decir todas *before.* También, distinguir entre *por* y *para* en español es más difícil porque en inglés, ya que *for* se usa para las dos.

Presentación de las preposiciones en inglés

Las preposiciones son palabras muy traicioneras en cualquier idioma. Muchas tienen un significado básico pero éste puede cambiar cuando se unen a otras palabras.

Podríamos pensar, por ejemplo, que sabemos lo que quiere decir *up*. Ahora consideremos esta oración:

> *First he cut the tree down, then he cut it **up**.*
> Primero él taló el árbol y luego lo cortó en pedazos.

Si estamos aprendiendo inglés, esta oración nos resulta problemática. Sin embargo, sabemos que no constituye una excepción a la regla. Veamos otro ejemplo. Imaginemos que un amigo de John pasa por su casa muy temprano por la mañana y le pregunta por él a su esposa. Ésta le contesta:

> *He'll be down as soon as he's **up**.* (Tan pronto se levante, él bajará.)

(continúa en la pág. 79)

Presentación de las preposiciones en inglés (continuación)

En otras palabras, después que se aprende una preposición, uno tiene que mantenerse alerta para ver cómo ésta se usa cuando va acompañada de otras palabras. A menudo los significados de una sola preposición ocupan varias de las páginas de un buen diccionario de lenguas extranjeras.

¿QUÉ FORMAS TIENEN? Las preposiciones son palabras funcionales. Todas son invariables. Como en español, pueden formarse a partir de una o más palabras: *by, in spite of.*

¿QUÉ USOS TIENEN? Algunas veces los usos de la preposición son menos complicados en inglés que en español. Por ejemplo, la preposición *before* se refiere tanto al tiempo como a la localización de algo.

1. Si expresa localización *(**before** the door),* entonces es el equivalente de *delante de.*

2. Si expresa tiempo *(**before** 3 o'clock),* entonces se traduce como *antes de.*

La palabra *before* también es una conjunción. Si es seguida por un sujeto y un verbo (*before someone did something*/antes de que alguien hiciera algo), entonces es el equivalente de *antes de que.*

La palabra *for,* que se traduce a veces como *por* y otras como *para* en español, nos da otro ejemplo de cómo una preposición puede ser más fácil en inglés.

El problema fundamental con la preposición en inglés es que muchos verbos van seguidos de preposiciones que les cambian su significado. Estos verbos se llaman los **verbos con partícula(s).** En español, para cada idea distinta existe casi siempre un verbo diferente: *to look for* = buscar; *to look at* = mirar y *to look into* = investigar. Estos verbos en ingles con sus respectivas partículas tienen que aprenderse como parte integrante de nuestro vocabulario. Lo que hay que recordar es que al añadirle una nueva preposición a estos verbos, creamos una expresión nueva. Nunca debe asumirse que uno sabe lo que el verbo quiere decir porque conoce parte de su significado. Por ejemplo, si sabemos que *look up in a dictionary* es el equivalente de *buscar en el diccionario* y luego oímos *look up to,* tenemos que tener cuidado. *Look up to* quiere decir *respetar* o *estimar.* Para que pueda darse cuenta de la complejidad de estos verbos, refiérase por lo menos a los ejemplos que aparecen en el Apéndice III (pág. 136).

A veces un verbo en inglés puede ir acompañado de una preposición cuando éste lleva un nombre por complemento, pero no cuando se usa solo. En español, este tipo de verbos nunca va acompañado de una preposición. En español decimos: ¡Escuche la radio! ¡Escúchela! y ¡Escuche! y en inglés *Listen to the radio!, Listen to it!,* pero *Listen!*

SINTAXIS DE LAS PREPOSICIONES

En teoría —también en el inglés formal— una preposición va inmediatamente seguida por su complemento: ***to** the store, **about** the subject.* En español ocurre exactamente lo mismo.

En la práctica —y también en el inglés informal, especialmente en el caso de los verbos con partícula(s)— por lo general, se mueve la preposición hacia el final de la oración:

*What is she waiting **for**?* en vez de ***For** what is she waiting?* (¿Qué está esperando?)

*This is the one that he is referring **to**.* en vez de *This is the one **to which** he is referring.* (Es a éste al que él se refiere.)

(continúa en la pág. 80)

Presentación de las
preposiciones en inglés
(continuación)

PROBLEMAS PARTICULARES DE LAS PREPOSICIONES

A veces los verbos requieren una preposición específica antes de un nombre o pronombre en función de complemento. Aquí presentamos los más comunes de esos verbos junto a sus equivalentes en español. Busque siempre en el diccionario una expresión que nunca ha usado antes.

to look out on	dar a	*The window **looks out on** the square.* (La ventana **da a** la plaza.)
to congratulate oneself on	felicitarse de	*They **congratulated themselves on** winning the prize.* (**Se felicitaron de** ganar el premio.)
to laugh at	reír(se) de	*He **laughed at** me.* **Se rió de** mí.
to look out of	mirar por	*I **looked out of** the window.* **Miré por** la ventana.
to put an end to something	acabar con	*I **put an end** to the dispute.* **Acabé con** la disputa.
to have just	acabar de	*He **has just** seen them.* Él **acaba de** verlos.
to finally...	acabar por	*Henry **finally** agreed with us.* Enrique **acabó por** darnos la razón.

Al igual que los verbos, algunos adjetivos van acompañados de una preposición cuando aparecen antes de un infinitivo o de un verbo que se termina en *"-ing"*. Otros adjetivos no necesitan la preposición. El español y el inglés difieren en esto muy a menudo.

last to do something	último(a) en	*Manuela is always the **last one to** finish.* Manuela es siempre la **última en** terminar.
to be slow to do (or at doing) something	lento(a) en	*I am very **slow at** learning chemistry.* Yo soy muy **lento en** aprender la química.
necessary for doing something	necesario(a) para	*Physics is **necessary to** (or in order to) understand the universe.* La física es **necesaria para** comprender el universo.
to be ready for	listo(a) para	*I am **ready for** my parents' arrival.* Yo estoy **lista para** la llegada de mis padres.

CAPÍTULO DIEZ

VERBOS

PRESENTACIÓN DEL VERBO

¿QUÉ ES? Véase la pág. 9.

¿QUÉ FORMAS TIENE? A diferencia del español, el verbo en inglés toma muy pocas desinencias. Muchos verbos en inglés tienen solamente cuatro formas: *talk/talks/talked/talking*. Algunos verbos irregulares tienen cinco: *sing/sings/sang/sung/singing*.

De hecho, en algunos sistemas gramaticales, se dice que técnicamente el inglés tiene solamente dos tiempos —presente y pretérito— mientras que los otros tiempos se expresan con "perífrasis verbales". Esto quiere decir que el inglés hace mucho uso de verbos auxiliares y de otras expresiones para comunicar diferencias semánticas. Vamos a presentar los verbos de una manera tradicional aquí, porque esto le ayudará a establecer paralelos entre construcciones gramaticales del español y del inglés. Éstas son las partes principales del verbo en inglés:

infinitivo	pretérito simple	participio pasado	participio (de) presente
to talk	*talked*	*talked*	*talking*
to sing	*sang*	*sung*	*singing*

Algunas palabras que se utilizan para identificar los verbos son las siguientes: conjugación, tiempo, voz, verbos transitivos e intransitivos, verbos auxiliares, verbos modales auxiliares[1] y modo.

LA CONJUGACIÓN tiene dos significados:

1. En latín y hoy día en español, como en otras lenguas romances (tales como el italiano, portugués y francés), los verbos se clasifican en grupos de acuerdo con las diferentes terminaciones de sus infinitivos. El inglés y el alemán tienen solamente verbos **regulares** e **irregulares,** a veces llamados también verbos débiles o fuertes. En inglés, los verbos regulares se terminan en *"-ed"* en el pretérito y en el participio pasado: *talk/talked, follow/followed*. Los verbos irregulares a menudo cambian de vocal en el pretérito y cuando no cambian, parecen completamente distintos: *sing/sang/sung; go/went/gone*. Como no hay manera de adivinar cuáles son las formas irregulares del verbo en inglés, encontrará 100 de los verbos irregulares más comunes en el Apéndice I (pág. 130).

2. La conjugación se refiere también a una lista que se hace de acuerdo con la persona gramatical, de todas las formas posibles que puede tener un verbo en un mismo tiempo verbal dado. En latín existen seis conjugaciones para cada tiempo. Encontramos un clásico ejemplo de esto en el verbo *amare* (amar). En los ejemplos que siguen, hemos puesto el presente del verbo latino *amare* con su equivalente del verbo *amar* en español entre paréntesis. Observe lo parecidas que son estas formas:

	singular	plural
1ra persona	*amo* (amo)	*amamus* (amamos)
2da persona	*amas* (amas)	*amatis* (amáis)
3ra persona	*amat* (ama)	*amant* (aman)

Como cada forma es diferente en latín y en español, no es necesario utilizar un pronombre sujeto. La terminación del verbo le dice automáticamente cuál es su sujeto.

En inglés los verbos pueden conjugarse pero casi siempre nadie lo hace porque solamente existe una terminación que sufre cambios: se le añade una "-s" a la forma del verbo en la tercera persona singular del presente. Por lo

---

[1]Los modales auxiliares son verbos que, como el modo subjuntivo, expresan también obligación o probabilidad. En español logran esta función al unirse con un infinitivo: *haber + de +* infinitivo, *tener + que +* infinitivo, *poder +* infinitivo, *deber +* infinitivo, etc. (Véase el Apéndice II en la pág. 132.)

tanto, en inglés, el pronombre (o el nombre) es necesario cada vez que conjugamos un verbo, porque sin él, no sabríamos cuál es el sujeto de ese verbo.

	singular	**plural**
1ra persona	*I speak* (yo hablo)	*we speak*
2da persona	*you speak*	*you speak*
3ra persona	*he/she speaks*	*they speak*

EL TIEMPO viene del latín *tempus* (tiempo). El tiempo nos dice cuándo algo ocurrió, cuánto tiempo duró o si la acción ocurrida se ha terminado o no.

LA VOZ puede ser activa o pasiva. La **voz activa** quiere decir que un sujeto es algo o que está haciendo algo.

> *Mary is happy. Mary reads the newspaper.*
> (*Mary* es el sujeto.)
> María está contenta. María lee el periódico.
> (*María* es el sujeto.)

La **voz pasiva** quiere decir que el sujeto recibe la acción. El verbo dice lo que le pasa al sujeto.

> *The newspaper is read by Mary.*
> (*Newspaper* es el sujeto.)
> El periódico es leído por María.
> (*El periódico* es el sujeto.)

LOS VERBOS TRANSITIVOS son los que requieren un complemento directo para expresar una idea completa.

> *Mr. White   surprised   a burglar.*
> sujeto   verbo transitivo   complemento
> El señor Blanco sorprendió a un ladrón.

Sin el complemento (*a burglar* = a un ladrón), la oración no tendría mucho sentido y se quedaría incompleta.

LOS VERBOS INTRANSITIVOS son los que no requieren un complemento:

> *Paul   sat down.*
> sujeto   verbo intransitivo
> Pablo se sentó.
> (Este verbo es intransitivo en inglés pero no en español.)

El inglés tiene muchos verbos que pueden ser tanto transitivos como intransitivos:

> *Peter   eats   dinner at 7:00.*
> sujeto   v. transitivo   c. directo
> PERO
> *Peter   eats at 7:00.*
> sujeto   v. intransitivo

LOS VERBOS AUXILIARES acompañan al verbo principal para formar tiempos y modos verbales (que explicaremos más adelante) diferentes. (Véase el Apéndice II.)

En inglés, estos verbos tienen cuatro características en común: 1) Se utilizan para formular preguntas. 2) Se utilizan para transformar oraciones afirmativas en negativas. 3) Se utilizan para crear énfasis. 4) Se utilizan para evitar repeticiones.

Los principales auxiliares son *to be, to have* y *to do*.

Los auxiliares modales más comunes son *can, may, shall, will, need* y *ought to*.

Todos los verbos mencionados se pueden encontrar en las páginas siguientes bajo tiempos y modos verbales diferentes. Para un resumen de sus usos, véase el Apéndice III.

EL MODO nos da información acerca de la actitud e intenciones del hablante: ¿nos expone hechos? ¿nos habla de acciones posibles pero que aún no han ocurrido? ¿nos recomienda algo? ¿nos da una orden? Para crear estos matices utilizamos modos distintos: **el infinitivo,**[1] **el indicativo, el imperativo** y **el subjuntivo.**

El indicativo es definitivamente el más común de todos. Los otros se utilizan bajo circunstancias especiales que estudiaremos más adelante.

---

[1]En este libro se discute el infinitivo en la sección que trata de las formas no personales del verbo.

Presentación de las oraciones interrogativas en español

Existen seis maneras de formular preguntas en español.

Con los tiempos simples (cuando el verbo se compone de una sola palabra):

1. Puede poner los signos de interrogación antes y después de la oración y cuando hable, levante la voz hacia el final del enunciado. Por lo general, esto se limita a diálogos (orales y escritos) y a preguntas que pueden contestarse con un *sí* o con un *no:*

   ¿Ana está aquí ya?

2. Puede añadir un *¿no es verdad?*, *¿verdad?* o *¿no?* al final del enunciado con el cual espera que el oyente o el lector esté de acuerdo:

   Pedro está muy contento, **¿no es verdad?**

   No tenemos trabajo hoy, **¿verdad?**

   Tienes dinero, **¿no?**

3. Puede invertir el orden del nombre o pronombre sujeto cuando no hay o adverbios u otro nombre en función de complemento en la oración:

   ¿Trabaja Juan?   ¿Estudian ustedes?

4. Puede invertir el orden de los elementos al poner el nombre sujeto después de un nombre complemento del verbo, después del adverbio (si hay alguno) y después de un adjetivo que acompaña los verbos *ser/estar.*

   ¿Toca el piano **Miguel?**

   ¿Canta bien **Pablo?**

   ¿Era bonita **la niña?**

5. Puede poner el pronombre sujeto inmediatamente después del verbo cuando hay un nombre u otro pronombre en función de complemento en la oración:

   ¿Habla **usted** portugués?

6. Puede comenzar una oración con una palabra o frase interrogativa:

   ¿Dónde está María?   **¿A qué** hora abren la biblioteca?

Con los tiempos compuestos. En los tiempos compuestos (los que requieren dos o más palabras para formar el verbo), se puede poner el verbo antes del sujeto.

   ¿Ha visto usted a Juan?

   ¿Está cantando Luisa en Nueva York o en Los Ángeles?

   ¿A qué hora **habría llegado** usted si no hubiera habido un tren?

Observe en los ejemplos a continuación, la diferencia que existe entre la posición del pronombre sujeto en la primera oración y la posición del nombre sujeto en la segunda.

   ¿Ha estado **usted** estudiando todos los días?

   ¿Han estado estudiando **los estudiantes** todos los días?

Presentación de las oraciones interrogativas en inglés

Existen cuatro maneras de formular preguntas en inglés:

1. Ponga un signo de interrogación después de la oración y cuando hable, levante la voz hacia el final del enunciado. Observe que este tipo de construcción se utiliza solamente con preguntas que pueden contestarse con un "sí" o con un "no":

   Anne is here already? (¿Ana ya está aquí?)

   That's Mark's idea? (¿Es la idea de Marcos?)

2. Añada una "coletilla interrogativa" al repetir un verbo en la forma afirmativa o un verbo auxiliar como si fuera una pregunta en la forma negativa. En inglés la coletilla cambia dependiendo del sujeto y del verbo: *Peter is happy, **isn't he?*** (Pedro está contento, ¿no?) *They came on time, **didn't they?*** (Llegaron a tiempo, ¿no es verdad?). El hablante espera que usted responda con un "sí" a una coletilla negativa.

   Lo opuesto también es cierto. Se puede concluir una oración negativa con una coletilla afirmativa: *He isn't in your class, **is he?*** (Él no está en su clase, ¿verdad?) En este caso, se espera que usted conteste con un "no".

3. Invierta el orden normal del sujeto y del verbo auxiliar, del verbo auxiliar modal o del verbo *to be* en la oración:

   Do you *have any brothers?* (¿Tienes hermanos?)

   Is Pablo *buying his books?* — estar + participio presente = expresa duración (¿Pablo está comprando sus libros?)

   Does Pablo *buy his books?* — presente (¿Pablo compra sus libros?)

   Has Pablo *bought his books?* — pretérito perfecto (= presente perfecto) (¿Pablo ha comprado sus libros?)

   May I *see you this evening?* — presente (¿Puedo verte esta noche?)

   Is Roberto *here today?* — presente (¿Roberto está aquí hoy?)

4. Use una palabra o frase interrogativa: ***Where*** *is the library?* (¿Dónde está la biblioteca?) ***When*** *does the library open?* (¿Cuándo abren la biblioteca?)

NOTA: Antes se solía formular preguntas sin usar los verbos auxiliares, pero ahora es más común utilizarlos: *Has Charles the book?* se dice ahora *Does Charles have the book?* (¿Carlos tiene el libro?)

Presentación de las formas no personales del verbo en español

Las formas no personales del verbo son aquéllas que no concuerdan con un sujeto, que no expresan tiempo o que no funcionan como predicado de una oración. Podemos identificar cuatro de sus tipos: **el infinitivo simple, el infinitivo compuesto, el gerundio** y **el participio pasado.**

El infinitivo simple en español

¿QUÉ ES? El infinitivo simple es la forma básica del verbo, la que siempre se busca en un diccionario.

¿QUÉ FORMAS TIENE? En español, los infinitivos se agrupan en tres conjugaciones: los que terminan en "-ar" (los más comunes), los terminados en "-er" y los terminados en "-ir".

¿QUÉ USOS TIENE?

Ver es **creer.**	(sujeto o predicado de un verbo)
Raúl espera **llegar** pronto.	(complemento del verbo)
Al **llegar,** voy a **decírselo** a tu padre.	(complemento preposicional)
El inglés es una lengua para **estudiar.**	(adjetivo)
A **decir** verdad, yo no lo creo.	(locución adverbial)

Los infinitivos pueden tener complementos (los nombres y sus determinantes, los pronombres) y pueden negarse o modificarse de cualquier otra forma:

Voy a ver **el museo.**

Quiero comprender **mejor** la filosofía.

Voy a mostrárselo **a la señora García.**

Prefiero no llegar **a tiempo.**

NOTA: Los infinitivos pueden tener complementos directos y complementos indirectos. También pueden tener ambos complementos a la vez.

Voy a **leerle** el periódico al señor Robles.

El señor Robles no puede **leerlo.**

Voy a **leérselo.**

NOTA: Recuerde que *le* y *les* se transforman en *se* cuando aparecen antes de *lo, la, los* y *las.*

Presentación de las formas no personales del verbo en inglés

Además de las cuatro formas verbales no personales que encontramos en español, el inglés también tiene el *gerund* (sustantivo verbal).

En inglés el *gerund* tiene la misma forma que el participio (de) presente (o participio activo): *"-ing"*.

El uso del *gerund* en inglés y del gerundio en español es diferente. En español, el gerundio es una forma verbal. En inglés, es una forma verbal que se utiliza como sustantivo.

Además, está la forma verbal que termina en *"-ing"* que en inglés se utiliza como adjetivo: el *gerundive*.

> *I am swimming.* En inglés, *swimming* es un participio de presente. En español, es un gerundio (que se traduce con la construcción estar + gerundio) = Estoy nadando.

> *Swimming is difficult.* En inglés, *swimming* es un *gerund*. En español, *swimming* es un sustantivo verbal (que se traduce por un infinitivo en función nominal) = Nadar es difícil.

> *Swimming pools are expensive.* En inglés, *swimming* es un *gerundive*. En este ejemplo, en español, *swimming* sería algo así como un tipo de verbo adjetivado (en función de adjetivo) que especificaría de qué tipo de *pool* se trata (p. ej. un *football pool* = juego de apuestas en los EE. UU.) y que se traduce solamente con la palabra "piscina" en este caso = Las piscinas (las de nadar y no otras) son caras.

El infinitivo presente en inglés

¿QUÉ FORMAS TIENE? El infinitivo puede identificarse a menudo con la palabra *to* que le precede. Sin embargo, el *to* se omite en muchas construcciones, especialmente después de verbos como *can* y *let*.

> Compare: *I know how **to swim**.* ([Yo] sé nadar.)
> *I can **swim**.* ([Yo] puedo nadar.)

Ambas oraciones contienen el infinitivo *swim*.

El infinitivo presente tiene otras formas: **la continua, la perfectiva** y **la pasiva.**

> la continua: *to be swimming* (expresa una acción continua) = estar nadando

> la continua perfectiva: *to have been swimming*
> (la acción continuó hasta cierto momento) = haber estado nadando

> la pasiva: *to be recognized* = ser reconocido
> la perfectiva pasiva: *to have been recognized* = haber sido reconocido

¿QUÉ USOS TIENE? Además de completar la idea que expresa el verbo principal, como es el caso de los ejemplos que acabamos de ver, el infinitivo puede tener la función de un nombre (sujeto o complemento del verbo), de un adjetivo o de un adverbio.

> ***To err*** *is human.* (sujeto)
> Errar es humano.

(continúa en la pág. 89)

El infinitivo compuesto en español

¿QUÉ FORMAS TIENE? El infinitivo compuesto se forma al unir el verbo auxiliar *haber* con el participio simple (= haber + participio):

infinitivo simple	infinitivo compuesto
estudiar	haber estudiado
vender	haber vendido
escribir	haber escrito

¿QUÉ USOS TIENE? Puede referirse a los usos del infinitivo simple ya que son los mismos, con la única diferencia que el infinitivo compuesto se refiere al pasado y no al tiempo presente.

Quería **haber escrito** una novela antes de morir.

El infinitivo en función nominal en español

En español, como en inglés, el infinitivo tiene una función nominal. (Véase el primer ejemplo que aparece en la sección de usos del infinitivo presente en inglés.) Este infinitivo puede estar modificado por complementos:

Ganar dinero **rápidamente** es el objetivo de muchas personas.

NOTA: En inglés esta función nominal puede cumplirse también por una forma verbal que se llama el *gerund*. (Véase la pág. 89.)

El gerundio en español

¿QUÉ FORMAS TIENE? El gerundio es siempre invariable, o sea, no tiene que sufrir cambios para concordar en género y número.

Al radical de los verbos cuyos infinitivos simples terminan en "-ar", se le añade "-ando" después de omitir el "-ar":

hablar > habl**ando**

Al radical de los que terminan en "-er" o en "-ir" se les añade "-iendo" después de omitir sus respectivas terminaciones.

aprender > aprend**iendo**   vivir > viv**iendo**

Los verbos con irregularidad propia que terminan en "-ir" cambian la "e" del radical del infinitivo en "i" o cambian la "o" en "u":

s**e**ntir > s**i**ntiendo   p**e**dir > p**i**diendo   d**o**rmir > d**u**rmiendo

Otros verbos comunes tienen gerundios irregulares:

venir > v**i**niendo   decir > d**i**ciendo   poder > p**u**diendo

(continúa en la pág. 90)

*El infinitivo presente
en inglés
(continuación)*

*He hopes **to come** soon.*   (complemento de objeto directo)
Espera llegar dentro de poco.

*English is the best subject **to study.***   (adjetivo)
El inglés es la mejor materia que uno puede estudiar.

***To tell** the truth he wants it more than ever.*   (locución adverbial)
A decir verdad, lo quiere más que nunca.

Los infinitivos pueden tener complementos propios de todo tipo:

*I am able to read **that to him easily.***
              o. d.   o. i.   adverbio

Le puedo leer eso a él fácilmente.
o. i.   o. d.   adverbio

El infinitivo pasado en inglés

El infinitivo pasado se forma en inglés como el infinitivo compuesto en español: con el infinitivo presente del auxiliar y el participio pasado del verbo principal.

Presente = *to go* (ir)   Pasado = *to have gone* (haber ido)

Se usa de la misma manera que el infinitivo presente. (Refiérase a la sección que precede.)

***To have quit** is terrible.*   (El haber renunciado es terrible.)

"Gerunds" o nombres verbales en su función nominal en inglés

¿QUÉ SON? Los *gerunds* muy a menudo se llaman **nombres verbales.**

¿QUÉ FORMAS TIENEN? Los nombres verbales se terminan en *"-ing".*

¿QUÉ USOS TIENEN? Los nombres verbales tienen las mismas funciones que otros nombres. Su equivalente en español es un infinitivo o *"el + infinitivo"*. (Véase la pág. 88.)

***Walking** is good for you.* ([El] caminar te hace bien.) (sujeto)

*I like **singing.*** (Me gusta cantar.) (complemento de objeto directo)

*Upon **getting** up* (al levantarse) (complemento preposicional)

Esta es la forma verbal que se utiliza normalmente después de las preposiciones. No se utiliza como en español el infinitivo.

Los nombres verbales pueden tener varios complementos al mismo tiempo:

*Making **money quickly** is many people's goal.*
          o. d.   adverbio
Ganar dinero rápidamente es el objetivo de muchas personas.

El gerundio en español
(continuación)

Los verbos siguientes y sus formas derivadas (que se construyen al insertársele un prefijo a la forma básica del verbo) cambian la "i" de la terminación "-iendo" en "y":

caer > ca**y**endo   traer > tra**y**endo   creer > cre**y**endo   ir > **y**endo

oír > o**y**endo

Todos los verbos que terminan en "-uir" o en "-üir" (con la excepción de los terminados en "-guir") también cambian la "i" de la terminación "-iendo" en "y":

destruir > destru**y**endo   huir > hu**y**endo   argüir > argu**y**endo

PERO conseguir > consiguiendo

NOTA: Los verbos que terminan en "-eír", como *reír* y *sonreír,* pierden ambos la "e" y el acento al formar el gerundio:

reír > r**iendo**   sonreír > sonr**iendo.**

¿QUÉ USOS TIENE?

El gerundio se usa:

1. con las diferentes formas del verbo *estar* para crear las formas continuas del verbo:

María **está cantando.**   Juan **estaba explicando.**

2. después de los verbos *continuar* y *seguir* en vez del infinitivo:

Julio **continúa aprendiendo** inglés.

Ana **siguió leyendo.**

3. en una oración subordinada cuando su sujeto es el mismo que el de la oración principal.

Conociendo muy bien la ciudad, Elena dio un paseo.

El participio pasado en español

La mayoría de los participios pasados (que a veces llamaremos simplemente "participios" en español ya que el participio presente apenas se usa y no se necesita distinguirlos) se forman al omitir las terminaciones "-ar", "-er", "-ir" del infinitivo simple y al añadir "-ado" a los verbos que terminan en "-ar" y al añadir "-ido" a los verbos que terminan en "-er" y en "-ir":

hablar > habl**ado**   vender > vend**ido**   pedir > ped**ido**

Participios pasados (o participios) irregulares comunes en español:

decir	dicho
hacer	hecho
morir	muerto
ver	visto
soltar	suelto
volver	vuelto
poner	puesto
abrir	abierto
cubrir	cubierto
escribir	escrito
romper	roto

(continúa en la pág. 92)

Los participios en inglés

¿QUÉ SON? Los participios son adjetivos verbales que constituyen **la tercera y la cuarta parte fundamentales** de un verbo.

¿QUÉ FORMAS TIENEN?

1. **El participio (de) presente** (como el nombre verbal o *gerund*) se termina en *"-ing"*:

   singing (cantando)   *talking* (hablando)   *dancing* (bailando)

2. **El participio pasado** se termina en *"-ed"* o en *"-n"* en el caso de los verbos regulares:

   tried (tratado)   *gathered* (reunido)   *concentrated* (concentrado)   *given* (dado)

   Para los verbos irregulares, el participio pasado es su **tercera parte fundamental.** De no estar seguro, refiérase al Apéndice I de este libro o consulte un diccionario.

¿QUÉ USOS TIENEN? Los dos tipos de participios tienen básicamente el mismo uso.

1. como parte de un verbo compuesto (cuya estructura requiere más de una palabra):

   El participio presente se usa con una forma del verbo *to be* (ser/estar) para construir las formas continuas del verbo:

*Mary **is singing.*** (tiempo presente)	(Mary está cantando.)
*John **was explaining.*** (tiempo pasado)	(John estaba explicando.)

   El participio pasado se usa con una forma del verbo *to have* (haber) para construir los tiempos compuestos o perfectivos.

   *Edward **has finished** his work.* (presente perfecto o pretérito perfecto)
   Edward ha terminado su trabajo.

   *Edward **had finished** his work.* (pluscuamperfecto)
   Edward había terminado su trabajo.

2. como adjetivos:

   *a **talking** doll* = una muñeca que habla   *a **proven** fact* = un hecho comprobado

   Al usar el participio presente como un adjetivo indicamos una cualidad determinante. Por ejemplo, *a talking doll* describe el tipo de muñeca del cual hablamos. Nunca diríamos *the talking boy* (el niño que habla) sino *the boy who is talking* (el niño que está hablando), por la sencilla razón de que el hablar no es una de sus características propias, sino más bien lo que él está haciendo en este momento.

3. en una cláusula absoluta:

   ***Walking** along the street, Charles met Robin.*
   Caminando por la calle, Charles se encontró con Robin.

   ***Seen** from the front, the building was even more imposing.*
   Visto de frente, el edificio era todavía más imponente.

NOTA: Si la cláusula que contiene el participio está al principio de una oración, como es el caso del primer ejemplo que acabamos de ver, su función es la de modificar el sujeto. Por lo tanto, podemos decir: *Charles was walking along the street.*

(continúa en la pág. 93)

El participio pasado
en español
(continuación)

NOTA: Los verbos derivados de otros (los que se construyen con el prefijo + forma básica de un verbo), normalmente forman su participio pasado de la misma manera que el verbo básico al cual están ligados, p. ej.: deponer > depuesto; revolver > revuelto; describir > descrito; entreabrir > entreabierto.

El participio (pasado) se usa:

1. con las diferentes formas de *haber* para formar los tiempos compuestos o perfectivos:

Eduardo **ha terminado** su trabajo.

Eduardo **había terminado** su trabajo.

2. como adjetivo:

el libro **abierto**   la Tierra **Prometida**   el mar **Muerto**

3. como nombre:

el Valle de los **Caídos** en España

El modo indicativo

Los verbos que se encuentran entre la página 94 y la página 118 están todos conjugados en el modo indicativo. Este modo se utiliza para establecer hechos o para afirmar cosas como si fueran hechos.

Los tiempos presentes en español

¿QUÉ FORMAS TIENEN? En el modo indicativo, el español solamente tiene dos formas para el presente: **el presente simple** y **la forma continua del presente** (*hablo* y *estoy hablando*).

La forma continua del presente (*estar* + gerundio) se usa solamente si queremos hacer hincapié en el hecho de que la acción se está llevando a cabo en el momento en que hablamos.

1. **Verbos regulares que terminan en "-ar" (hablar).** Omita la terminación del infinitivo del verbo (-ar) y añada *-a, -as, -a; -amos, -áis, -an.*

persona	singular	plural
1ra	hablo	hablamos
2da	hablas	habláis
3ra	habla	hablan

(continúa en la pág. 94)

*Los participios
en inglés
(continuación)*

(Charles estaba caminando por la calle.) Si la cláusula aparece después del complemento directo, entonces modifica a éste último. Si hubiera sido Robin el que caminaba, la oración habría dicho: *Charles saw Robin walking along the street.* (Charles vio a Robin caminando por la calle.)

Los participios vacilantes o ***dangling participles.*** Un participio que se pone en un lugar que no le corresponde se llama en inglés un *dangling participle* (un participio vacilante). El ejemplo tradicional es: *I saw the church walking up the hill.* Lo que quería decir el hablante era "Mientras iba caminando colina arriba, vi la iglesia". Sin embargo, lo que realmente dijo fue que ¡había visto la iglesia caminando!: "Vi la iglesia caminando colina arriba".

El modo indicativo

Véase la explicación del modo indicativo en español (pág. 92).

Los tiempos presentes en inglés

¿QUÉ SON? Los tiempos presentes se definen de acuerdo con sus usos. Véase la sección que sigue.

¿QUÉ FORMAS TIENEN? En inglés existen tres tiempos presentes, uno más que en español. Son **el presente simple, la forma continua del presente** y **el presente enfático.** Las tres formas *I speak, I am speaking* y *I do speak* (si el énfasis es necesario) se pueden usar en inglés, mientras que en español, basta con decir "hablo" para expresar lo mismo.

El presente simple. Solamente hay una forma que sufre cambios en el presente simple: la tercera persona del singular, a la que se le añade una "*-s*" al final.

persona	singular	plural
1ra	*I speak*	*we speak*
2da	*you speak*	*you speak*
3ra	*he/she speaks*	*they speak*

La forma continua del presente. Este tiempo se forma con el presente del verbo *to be* (ser/estar) + el participio de presente.

persona	singular	plural
1ra	*I am singing*	*we are singing*
2da	*you are singing*	*you are singing*
3ra	*she is singing*	*they are singing*

(Yo) estoy cantando, tú estás cantando, etc.

(continúa en la pág. 95)

*Los tiempos presentes
en español
(continuación)*

Para la forma continua del presente, use el presente del verbo *estar* y el gerundio, *hablando.*

persona	singular	plural
1ra	estoy hablando	estamos hablando
2da	estás hablando	estáis hablando
3ra	está hablando	están hablando

2. **Verbos regulares que terminan en "-er" (aprender).** Omita la terminación del infinitivo (-er) y añada *-o, -es, -e; -emos, -éis, -en.*

persona	singular	plural
1ra	aprendo	aprendemos
2da	aprendes	aprendéis
3ra	aprende	aprenden

Para la forma continua del presente, use el presente del verbo *estar* (el verbo auxiliar), pero póngale las terminaciones del gerundio de los verbos que terminan en "-er" al segundo verbo, o sea "-iendo": *estoy aprendiendo,* etc.

3. **Verbos regulares que terminan en "-ir" (permitir).** Omita la terminación del infinitivo (-ir) y añada *-o, -es, -e; -imos, -ís, -en.*

persona	singular	plural
1ra	permito	permitimos
2da	permites	permitís
3ra	permite	permiten

Para la forma continua del presente, use el presente del verbo *estar* y póngale las terminaciones del gerundio de los verbos que terminan en "-ir" al segundo verbo, o sea "-iendo": *estoy permitiendo,* etc.

4. **Verbos de irregularidad común.** Estos cambios son el resultado de un cambio en la fuerza de pronunciación en el lenguaje hablado.

   a. los verbos que terminan en "-ar": La vocal "e" del radical se convierte en "ie"; la "o" se convierte en "ue" en todas las formas con la excepción de *nosotros* y *vosotros.*

pensar	e > ie	p**ie**nso	Pero: pensamos
mostrar	o > ue	m**ue**stras	Pero: mostráis
jugar	u > ue	j**ue**ga	Pero: jugamos

   b. los verbos que terminan en "-er": La vocal "e" del radical se convierte en "ie" y la "o" se convierte en "ue" en todas las formas con la excepción de *nosotros* y *vosotros.*

entender	e > ie	ent**ie**ndo	Pero: entendemos
volver	o > ue	v**ue**lves	Pero: volvéis

(continúa en la pág. 96)

Los tiempos presentes
en inglés
(continuación)

El presente enfático. Este tiempo se forma con el presente del verbo *to do* + infinitivo y equivale aproximadamente a decir ¡Claro que sí que + presente del verbo!, o ¡...sí que + presente del verbo!, etc.

persona	singular	plural
1ra	*I do sing*	*we do sing*
2da	*you do sing*	*you do sing*
3ra	*she does sing*	*they do sing*

¡Claro que sí que canto!, ¡Claro que sí que cantas!, etc.

¡(Yo) sí que canto!, ¡Tú sí que cantas!, etc.

¿QUÉ USOS TIENEN?

El presente simple se utiliza para:

1. describir una acción (o estado) que se desarrolla en el presente.

   *They **speak** Chinese.* (Hablan chino.)

2. referirse a una acción habitual (que todavía se practica).

   *I always **study** in the evening.* (Siempre estudio por la noche.)

3. describir hechos presentes y verdades eternas.

   *Paris **is** the capital of France.* (París es la capital de Francia.)

   *"I **think** therefore I am."* ("Pienso, luego existo.") [Descartes]

La forma continua del presente se utiliza para:

1. darle énfasis al aspecto durativo de la acción del verbo en una oración o en una pregunta.

   *I **am** still **trying**!* (¡Estoy tratando de hacerlo todavía!)

   *Are you **going** to the library now?* (¿Te estás yendo para la biblioteca ahora? / ¿Vas ahora a la biblioteca?)

2. darle inmediatez a una acción futura.

   *We **are reading** this book next week.* (Vamos a leer este libro la semana próxima.)

   *I **am going** to the show tomorrow.* (Voy a ir al espectáculo mañana).

El presente enfático se usa para:

1. darle énfasis a algo o para contradecir.

   *I **do want** to do well!*
   ¡(Pues) claro que quiero que me vaya bien! / ¡Yo sí que quiero salir bien!

   *They **do not do** that!*
   ¡Claro que no! ¡Ellos no hacen eso! / ¡Eso sí que no! ¡Ellos no hacen eso!

2. hacer preguntas o negar algo.

   *Do you **go** to the lake in the summer?* (¿Vas al lago durante el verano?)

   *I **do not know** what you are talking about.* (No sé de qué habla usted.)

*Los tiempos presentes
en español
(continuación)*

c. los verbos que terminan en "-ir":

- La vocal "e" del radical se convierte en "ie" y la "o" se convierte en "ue" en todas las formas con la excepción de *nosotros* y *vosotros*.

sentir	e > ie	**sie**nto	PERO: sentimos
dormir	o > ue	**due**rmes	PERO: dormís

- La vocal "e" del radical se convierte en "i" en todas las formas con la excepción de *nosotros* y *vosotros*.

pedir	e > i	**pi**do	PERO: pedimos

NOTA: Otros verbos comunes que siguen este modelo son: *repetir, seguir, servir, vestir.*

5. **Verbos de cambio ortográfico.** Los verbos de este grupo requieren un cambio de ortografía en la lengua escrita para reflejar la necesidad que tienen de mantener el mismo sonido en todas las formas orales del presente del indicativo.

 a. Los verbos que terminan en "-ger" (escoger): g > j en la primera persona singular = esco**j**o, pero esco**g**es, etc.

 b. Los verbos que terminan en "-guir" (distinguir): gu > g en la primera persona singular = distin**g**o, pero distin**gu**es, etc.

 c. Una consonante (como "n") + los verbos que terminan en "-cer" (vencer): c > z en la primera persona singular = ven**z**o, pero ven**c**es, etc.

 d. Una vocal + los verbos que terminan en "-cer" o en "-cir" (conocer): c > zc en la primera persona singular = cono**zc**o, pero cono**c**es, etc. (Otros ejemplos incluyen: *ofrecer, parecer, producir, traducir.*)

 e. Los verbos que terminan en "-uir" (construir): i > y = constru**y**o.

 f. En el presente indicativo, los verbos que terminan en "-fiar" y en "-viar", y también algunos verbos que tienen una consonante antes de la terminación "-uar":

- Todas las personas del singular y la tercera del plural *(yo, tú, él/ella, ellos/ellas)* llevan acento (o tilde) en todas las formas escritas.

- La forma de *nosotros* no lleva acento.

- Para la segunda persona del plural *(vosotros),* el acento (o tilde) aparece sobre la "a" de las formas normales: áis.

 Veamos algunos ejemplos de esto:

confío	confiamos	confían
envía(s)	enviáis	envían
continúo	continuamos	continúan
conceptúa	conceptuáis	conceptúan

 g. Observe los verbos como *cocer:* cuezo, cuece(s), cuecen, PERO cocemos/cocéis.

6. Algunos verbos que terminan en "-oy" en la primera persona singular: dar > doy; estar > estoy; ir > voy; ser > soy.

7. Algunos verbos comunes que terminan en "-go" en la primera persona singular del presente indicativo:

 decir > digo; hacer > hago; oír > oigo; poner > pongo; salir > salgo; tener > tengo; traer > traigo

(continúa en la pág. 97)

*Los tiempos presentes
en español
(continuación)*

¿QUÉ USOS TIENEN?

1. El presente simple en español tiene todas las funciones de los tres tiempos presentes que existen en inglés. Si se quiere poner el énfasis en la progresión de una acción se usa la forma continua del presente.

2. El español usa la estructura *hace* + (expresión de tiempo) + *que* en el presente para referirse a una acción que se comenzó en el pasado y que continúa en el presente.

   Hace dos meses que estudio español.

Los tiempos del pasado en español

¿QUÉ SON? Los tiempos del pasado se usan para describir acciones (o estados) en el pasado.

Los tiempos del pasado en inglés

¿QUÉ FORMAS TIENEN? Existen tres tiempos del pasado que corresponden a cada uno de los tiempos presentes que discutimos previamente. Véase la pág. 93. (Para los tiempos compuestos o perfectivos véanse las págs. 106–119.)

El pretérito simple es la segunda parte principal del verbo (véase la pág. 82). No sufre cambios. Todas sus formas son las mismas. Los verbos regulares se terminan en *"-ed"*; los verbos fuertes son todos irregulares. Para ver los equivalentes en español, véase la sección acerca del pretérito en "Los tiempos del pasado en español". El verbo *cantar* se conjuga como *hablar*.

persona	singular	plural
1ra	*I sang*	*we sang*
2da	*you sang*	*you sang*
3ra	*she sang*	*they sang*

(Yo) canté, tú cantaste, etc.

(continúa en la pág. 99)

El imperfecto

¿QUÉ FORMAS TIENE?

1. **El imperfecto** de los verbos regulares se forma con:
   radical (infinitivo simple sin las terminaciones "-ar", "-er" o "-ir") + las terminaciones siguientes:

hablar	perder	salir
hablaba	perdía	salía
hablabas	perdías	salías
hablaba	perdía	salía
hablábamos	perdíamos	salíamos
hablabais	perdíais	salíais
hablaban	perdían	salían

2. Hay solamente tres verbos irregulares en el imperfecto: *ir, ser, ver.* Observe que en ellos, solamente el radical es irregular:

   ir: iba; ibas; iba; íbamos; ibais; iban

   ser: era; eras; era; éramos; erais; eran

   ver: veía; veías; veía; veíamos; veíais; veían

3. La forma continua del imperfecto se forma con el imperfecto del verbo *estar* + gerundio.

hablar	perder	salir
estaba hablando	estaba perdiendo	estaba saliendo
estabas hablando	estabas perdiendo	estabas saliendo
estaba hablando	estaba perdiendo	estaba saliendo
estábamos hablando	estábamos perdiendo	estábamos saliendo
estabais hablando	estabais perdiendo	estabais saliendo
estaban hablando	estaban perdiendo	estaban saliendo

¿QUÉ USOS TIENE? Use el imperfecto para:

1. una descripción (lo que se está describiendo es más importante que la acción, o sirve para crear el contexto en el cual la acción se lleva a cabo).

2. describir una acción habitual o repetida.

3. expresar duración o describir una acción que continúa (véase la forma continua del pretérito en inglés).

El imperfecto se usa con mucha más frecuencia en español que en inglés. En inglés, el pretérito simple es más común.

Era lunes y **llovía.** *(It was Monday, and it was raining.)* (descripción)

Yo **asistía** a la Park Place School cuando **era** niña. *(I went to Park Place School when I was a child.)* (acción habitual/descripción)

Leía el periódico cuando sonó el teléfono. *(He was reading the newspaper when the phone rang.)* (duración)

Los tiempos del pasado en inglés (continuación)

La forma continua del pretérito se forma con el pretérito simple del verbo *to be* (ser/estar) + participio (de) presente del verbo principal. El equivalente en español es el imperfecto. Siga el modelo del verbo *hablar* (véase la pág. 98).

persona	singular	plural
1ra	*I was singing*	*we were singing*
2da	*you were singing*	*you were singing*
3ra	*she was singing*	*they were singing*

(Yo) cantaba, tú cantabas, etc. o (Yo) estaba cantando, tu estabas cantando, etc.

El pretérito enfático se forma con el pretérito simple del verbo *to do* + el infinitivo. No hay un tiempo equivalente exacto en español. (¡Yo sí que canté! o ¡Claro que sí que cantaste! traducen aproximadamente el pretérito enfático.)

persona	singular	plural
1ra	*I did sing*	*we did sing*
2da	*you did sing*	*you did sing*
3ra	*he did sing*	*they did sing*

¿QUÉ USOS TIENEN? Los tres tiempos casi corresponden paralelamente a los tres tiempos presentes (véase la pág. 93), con la excepción que la acción aquí se lleva a cabo en el pasado. El pretérito simple afirma hechos, la forma continua del pretérito pone el énfasis en la duración o continuación de la acción en un momento dado del pasado y el pretérito enfático hace hincapié en lo que declara y se usa para formular preguntas y para negar.

> **NOTA no. 1:** El tiempo apropiado debe escogerse a partir de estas ideas generales básicas. No se debe buscar una correspondencia exacta entre los tiempos del pasado en inglés y los tiempos o frases idiomáticas del español. En muchos casos que el pretérito simple se usa en inglés, en el español se usa el imperfecto.

> **NOTA no. 2:** Para encontrar el equivalente de la estructura *hace... que* en inglés, véase la sección "Los tiempos compuestos o perfectivos" en la pág. 107.

Otros tiempos del pasado en español

Otros tiempos que se usan para describir acciones pasadas son: **el pretérito indefinido** (o simplemente **pretérito**); **el condicional perfecto** (véase la pág. 116); **el pretérito perfecto** (véase la pág. 108); **el pluscuamperfecto** (véase la pág. 110) y **los tiempos pasados del subjuntivo** (véanse las págs. 128–129).

Contraste el imperfecto y el pretérito, que se utiliza para hablar de acciones que ya se han llevado a término:

pretérito indefinido	imperfecto
1. Una acción ya ocurrida. (una o más veces)	Una acción que ocurrió a menudo. (repetida/habitual)
María **terminó** sus deberes.	María **terminaba** a menudo muy tarde.
2. Una acción acabada, llevada a término.	Una acción que continúa, inacabada.
El teléfono **sonó**	mientras él **dormía**.
3. Una acción pasada que comprende una serie de eventos bien definidos.	Una acción cuyo propósito es fundamentalmente descriptivo.
Rodrigo **llegó** a Asunción, **halló** un hotel y **llamó** a su esposa en Santiago.	Manuel **era** un estudiante mexicano que **vivía** en Tejas.

USO DE "ACABAR DE":

1. Para expresar anterioridad inmediata, use el presente del verbo *acabar de* + infinitivo (simple): María **acaba de** llegar. *(Mary has just arrived.)*

2. Para expresar el equivalente de la estructura *had just* + participio pasado del inglés, use el imperfecto de *acabar de* + el infinitivo (simple) en español: Miguel **acababa de** llegar. *(Michael had just arrived.)*

El pretérito o pretérito indefinido

¿QUÉ FORMAS TIENE?

1. **El pretérito indefinido** del modo indicativo se forma al omitir las terminaciones del infinitivo y al añadir las terminaciones apropiadas al radical del verbo:

hablar	perder	salir
habl**é**	perd**í**	sal**í**
habl**aste**	perd**iste**	sal**iste**
habl**ó**	perd**ió**	sal**ió**
habl**amos**	perd**imos**	sal**imos**
habl**asteis**	perd**isteis**	sal**isteis**
habl**aron**	perd**ieron**	sal**ieron**

(continúa en la pág. 101)

El pretérito o pretérito indefinido (continuación)

2. **Los verbos de irregularidad propia en el pretérito.** Veamos aquí algunas muestras de cambios en el radical del verbo con diferentes personas gramaticales:

haber	**hub**o	querer	**quis**isteis
andar	**anduv**iste	decir	**dij**eron
estar	**estuv**o	traer	**traje**
tener	**tuv**o	ver	**vi, vio, vieron**
caber	**cup**isteis	dar	**di, dio, dieron**
saber	**sup**ieron	ir	**fui, fuiste, fue, fuimos, fuisteis, fueron**
poder	**pude**	ser	**fui,** etc. Véase "ir"
poner	**pus**iste	sentir	**sentí, sintió, sintieron**
hacer	**hice; hizo; hic**imos	dormir	**dorm**iste, **durmió**
venir	**vin**imos	traducir	**traje**

3. **Cambios ortográficos:**

sentir	**sentí, sintió, sint**ieron
dormir	**dorm**iste, **durmió, durm**ieron
verbos terminados en "-car"	(buscar) busqué, buscamos, buscaron
verbos terminados en "-zar"	(empezar) empecé, empezamos

NOTA no. 1: Para formar el pretérito indefinido, los verbos que terminan en "-ducir" siguen el modelo de *traducir* que aparece en la lista que acabamos de ver.

NOTA no. 2: El **pretérito anterior** se forma con el pretérito de *haber* y el participio. Es una forma verbal literaria y se usa solamente después de expresiones de tiempo: Cuando Consuelo me **hubo hablado,** me di cuenta de que tenía razón.

¿QUÉ USOS TIENE? El pretérito indefinido en español es aproximadamente equivalente al pretérito simple en inglés. Se refiere a acciones terminadas en el pasado. Refiérase a la pág. 100 para ver sus usos contrastados con los usos del imperfecto.

Otros tiempos del pasado en inglés

También hay expresiones o frases idiomáticas que comunican un significado especial:

Para **la anterioridad inmediata:** *to have just (had just)* + participio pasado

> *Mary **has just arrived** this minute.* (María acaba de llegar.)

> *Michael **had just arrived.*** (Miguel acababa de llegar.)

Para **el pasado habitual:** *used to* o *would* + infinitivo

> *I **used to go** to the movies every week. I **would see** them every day after lunch.*
> Yo iba al cine cada semana. Los veía todos los días después del almuerzo.

Para **una acción repetida:** *kept (on)* + participio (de) presente

> *He **kept (on) doing** it.* (Él lo hacía una y otra vez. Continuaba haciéndolo.)

Los tiempos del futuro en español

¿QUÉ SON? Los tiempos del futuro se usan para describir eventos que todavía no se han llevado a cabo.

¿QUÉ FORMAS TIENEN?

El futuro simple. Con excepción de los verbos que tienen radicales irregulares, el futuro simple se forma con el infinitivo del verbo. Se añaden al infinitivo o al radical irregular las terminaciones *-é, -ás, -a, -emos, -éis, -án.*

> **NOTA no. 1:** Las terminaciones son las mismas para todos los verbos, hasta para los que son irregulares. Cuando existe alguna irregularidad es una irregularidad propia que afecta sólo a verbos específicos. Pero en general, es suficiente saber la raíz o el radical del verbo para saber cuáles son sus formas futuras.

> **NOTA no. 2:** Todas las terminaciones llevan acento o tilde con la excepción de la forma de *nosotros.*

> **NOTA no. 3:** Los radicales regulares e irregulares del futuro siempre terminan en "-r".

		futuros regulares		
hablar	**perder**	**dormir**	**ser**	**estar**
hablar**é**	perder**é**	dormir**é**	ser**é**	estar**é**
hablar**ás**	perder**ás**	dormir**ás**	ser**ás**	estar**ás**
hablar**á**	perder**á**	dormir**á**	ser**á**	estar**á**
hablar**emos**	perder**emos**	dormir**emos**	ser**emos**	estar**emos**
hablar**éis**	perder**éis**	dormir**éis**	ser**éis**	estar**éis**
hablar**án**	perder**án**	dormir**án**	ser**án**	estar**án**

> **NOTA:** Existe un cierto número de verbos que tienen un radical irregular en el futuro. Estos radicales se utilizan también para formar el condicional de esos verbos. (Véase la pág. 104.)

caber = **cabr**é	salir = **saldr**é
haber = **habr**ás	tener = **tendr**ás
poder = **podr**á	valer = **valdr**á
querer = **quer**emos	venir = **vendr**emos
saber = **sabr**éis	decir = **dir**éis
poner = **podr**án	hacer = **har**á

El futuro continuo se forma con el futuro del auxiliar *estar* más el gerundio del verbo principal, p. ej. *estaré hablando, estaré perdiendo, estaré durmiendo.*

¿QUÉ USOS TIENE? El futuro se usa:

1. para expresar una acción o un estado que ocurrirá o que existirá.

> Inés **llegará** en enero.

(continúa en la pág. 104)

Los tiempos del futuro en inglés

¿QUÉ FORMAS TIENEN? El futuro y el futuro continuo son tiempos compuestos.

El futuro. El futuro se forma al combinar el verbo auxiliar *will* + el infinitivo del verbo principal. Para el equivalente en español, refiérase a la sección "Tiempos del futuro en español" y use el modelo del verbo *hablar*.

persona	singular	plural
1ra	*I will sing*	*we will sing*
2da	*you will sing*	*you will sing*
3ra	*he will sing*	*they will sing*

El futuro continuo. La forma continua del futuro se forma con el futuro del verbo *to be* + el participio (de) presente. Por lo tanto, requiere tres palabras. El equivalente en español es *(Yo) estaré cantando,* etc., pero esta forma se usa solamente con estructuras muy específicas como "Estaré cantando hasta que amanezca".

persona	singular	plural
1ra	*I will be singing*	*we will be singing*
2da	*you will be singing*	*you will be singing*
3ra	*she will be singing*	*they will be singing*

NOTA no. 1: No hay futuros irregulares en inglés.

NOTA no. 2: *Will* y *shall* se abrevian a menudo y toman la forma *'ll*:

> ***We'll*** *do it tomorrow.* (Lo haré mañana.)

> ***You'll*** *be studying that next week.*
> Estudiarás (y no *estarás estudiando* en este caso) eso la semana que viene.

> PERO: Estarás estudiando eso durante toda la semana sin darte cuenta.

NOTA no. 3: En el inglés muy formal, se distingue entre las formas de la primera persona y las de la segunda y la tercera. *Shall* se usa para las formas verbales de *I* (yo) y de *we* (nosotros): *I **shall** sing* (cantaré), *we **shall** sing* (cantaremos) o *We **shall** overcome* (Venceremos). Cuando se hace esta distinción, el usar el auxiliar *will* con los pronombres *I* y *we* y el usar *shall* con los pronombres *you* y *they* transformará cualquier afirmación en una orden o en una afirmación fuerte de las intenciones del hablante.

NOTA no. 4: Fue exactamente esta diferencia entre dos verbos auxiliares la que le dio al inglés su forma futura enfática. El invertir los auxiliares normales servía de futuro enfático: *I **will** speak!* (¡Claro que hablaré!), *They **shall** not pass!* (¡Claro que no, no pasarán!). Sin embargo, ahora estas formas por lo general se ignoran. Véase no obstante el número 3 en la lista de usos que sigue.

¿QUÉ USOS TIENEN? La diferencia que existe entre el futuro y la forma continua del futuro es la misma que existe entre los tiempos del presente que les corresponden (véase la pág. 93). Se utilizan:

1. para referirse a una acción o estado que ocurrirá o que existirá en el futuro.

(continúa en la pág. 105)

Los tiempos del futuro
en español
(continuación)

2. en las oraciones condicionales de Tipo 1 (véase la tabla de la pág. 116), cuando la oración que expresa condición está en el presente.

Si estudian, ustedes **triunfarán.**

3. como una orden futura.

Ustedes **presentarán** sus relatos el miércoles.

No **matarás.**

4. para indicar posibilidad o sorpresa.

¿Quién **será**?   **Será** tu hermano.   **¿Será** posible?

Otras formas del futuro

Para expresar una intención o referirse a una acción venidera, en español podemos usar la estructura: el presente de *ir* + a + el infinitivo del verbo principal: **Voy a cantar** mañana.

El condicional en español

¿QUÉ ES? Muchos gramáticos —hasta los que aceptan que haya otros tiempos además del presente y del pretérito— no consideran el condicional como un verdadero tiempo condicional sino como un modo. Esto podría ser porque su estructura puede expresar una gran variedad de significados. Consideraremos el condicional aquí como un tiempo, ya que éste se construye de la misma manera que otros tiempos. El condicional se refiere a una acción o estado que podría desarrollarse en el futuro si ciertas condiciones se cumplieran. Estas condiciones pueden —o no— ser expresadas explícitamente. A menudo se espera que el oyente las reconozca o las sobreentienda.

¿QUÉ FORMAS TIENE? Para todos los verbos, tanto los regulares como los irregulares, **el condicional** se forma con el mismo radical que el futuro. Las terminaciones son las mismas que las de los verbos terminados en "-er" y en "-ir" en el imperfecto. Todos los verbos, sin excepción alguna, siguen este modelo.

hablar	**perder**	**dormir**
(fut.: hablaré)	(fut.: perderé)	(fut.: dormiré)
hablar**ía**	perder**ía**	dormir**ía**
hablar**ías**	perder**ías**	dormir**ías**
hablar**ía**	perder**ía**	dormir**ía**
hablar**íamos**	perder**íamos**	dormir**íamos**
hablar**íais**	perder**íais**	dormir**íais**
hablar**ían**	perder**ían**	dormir**ían**

Hay también formas continuas del condicional: *(yo) estaría hablando*, etc.

(continúa en la pág. 106)

Los tiempos del futuro
en inglés
(continuación)

2. en las oraciones condicionales de Tipo 1 (véase la sección ✔ **VERIFICACIÓN RÁPIDA** en la pág. 119), cuando la oración de condicional está en el presente: *If you study, you **will succeed***. (Si estudian, ustedes triunfarán.)

3. en una pregunta para mostrar cortesía, para pedir permiso o para expresar duda o incertidumbre: ***Will you want** to stay another day?* (¿Le gustaría quedarse otro día?) ***Shall I give** you a copy of his paper?* (¿Podría darle una copia de su artículo?) *What **shall we do** about it?* (¿Qué podríamos hacer acerca de eso?)

4. El inglés utiliza la forma continua del futuro para describir una acción de cierta duración que estará ocurriendo en un tiempo futuro, p. ej. *I **will be sleeping** when he comes home tonight.* (Estaré durmiendo cuando él llegue a casa esta noche.)

Otras formas del futuro

Como en español, el uso idiomático del verbo *to go* constituye otra manera de referirse a un tiempo futuro. El presente del verbo *to go* + el infinitivo del verbo principal expresa un tiempo venidero: ***I am going to sing** tomorrow.* (Voy a cantar mañana.)

El condicional en inglés

¿QUÉ ES? El condicional en inglés se usa casi de la misma manera que en español.

¿QUÉ FORMAS TIENE? El **condicional** se forma con el verbo auxiliar *would* + el infinitivo del verbo principal. Para el equivalente en español, refiérase al condicional del verbo *hablar*, etc.

persona	singular	plural
1ra	*I would sing*	*we would sing*
2da	*you would sing*	*you would sing*
3ra	*she would sing*	*they would sing*

La forma continua del condicional se forma con el condicional del verbo *to be* + el participio presente. Por esta razón requiere una construcción de tres palabras.

persona	singular	plural
1ra	*I would be singing*	*we would be singing*
2da	*you would be singing*	*you would be singing*
3ra	*she would be singing*	*they would be singing*

NOTA: En el condicional se hace exactamente la misma distinción que se hace en el futuro con respecto al verbo auxiliar. En el inglés muy formal el auxiliar *should* se usa en vez de *would* para las formas (singular y plural) de la primera persona.

(continúa en la pág. 107)

El condicional
en español
(continuación)

¿QUÉ USOS TIENE?

El condicional se utiliza:

1. en las oraciones condicionales de Tipo 2 (véase la tabla de la pág. 116):

    Si (imperfecto del subjuntivo), resultado (condicional)

    Si (yo) fuera rico,   **iría** a Europa todos los años.

2. para referirse al futuro con referencia a una perspectiva pasada:

    Pablo dice: "De acuerdo, estudiaré mañana".

    Andrés dice: "Pablo dijo que **estudiaría** mañana".

3. como una manera cortés de pedir algo: Me **gustaría** ir a Cuba.

4. para expresar hipótesis o probabilidad: **Estarían** muy contentos.

Los tiempos compuestos o perfectivos en español

¿QUÉ SON? Los tiempos compuestos o perfectivos[1] expresan dos ideas:

1. el momento o el estado de la acción.

2. el hecho de que la acción se ha terminado.

¿QUÉ FORMAS TIENEN? Todos los tiempos de la voz activa, con la excepción de las formas verbales continuas, se forman a partir de un solo auxiliar combinado con el participio simple del verbo principal.

¿QUÉ TIPOS HAY? En español existe un tiempo compuesto o perfectivo para cada uno de los tiempos simples (formado de una sola palabra).

---

[1]En este sentido, "perfectivo" (de la familia de la palabra "perfecto") viene del latín *perfectus,* que quiere decir "acabado o terminado". Si algo se ha perfeccionado, no requiere más trabajo. Por lo tanto, "perfectivo" aquí no quiere decir "ideal".

El condicional
en inglés
(continuación)

Por ejemplo: ***I should** sing, but **you would** not.* (Yo cantaría pero usted no.) No obstante, resulta problemático el hecho de que *should* también quiera decir *ought to* (tener que), porque crea confusión. Por eso estas formas ya no se utilizan, aunque podrán encontrarse de vez en cuando, especialmente en escritos más antiguos.

La forma continua del condicional describe una acción que podría llevarse a cabo si una condición se cumpliera (representada por la oración de condición: "Si..."): *We **would be singing** in Lincoln Center if we had a better agent.* (Si tuviéramos un mejor agente, estaríamos cantando ahora en el Lincoln Center.)

NOTA: *Would* y *should* se abrevian a menudo de esta forma, *'d*:

I'd go if you did. (Yo iría si tú fueras.)

¿QUÉ USOS TIENE? El condicional se usa:

1. en las oraciones condicionales de Tipo 2 (véase la sección ✔ **VERIFICACIÓN RÁPIDA** en la pág. 119).

If (condición),	*(then)*	(resultado)
If I were rich,	*(then)*	***I would go** to Europe every year.*

2. para referirse al futuro con referencia a una perspectiva pasada.

On Sunday, John said, "OK, I will see you on Monday." (futuro)
El domingo, John dijo: "De acuerdo, te veré el lunes".

*On Tuesday, Robert says, "John said that he **would see** us on Monday."* (condicional)
El martes, Roberto dice: "John dijo que nos vería el lunes".

Los tiempos compuestos o perfectivos en inglés *(perfect tenses)*

¿QUÉ TIPOS HAY? Existen cuatro tiempos compuestos que corresponden a cada uno de los tiempos que ya hemos estudiado: **el presente, el pretérito, el futuro** y **el condicional**.

El pretérito perfecto en español

¿QUÉ FORMAS TIENE? El pretérito perfecto se forma con el presente del verbo *haber* + el participio simple del verbo principal.

hablar	**perder**	**salir**
he hablado	he perdido	he salido
has hablado	has perdido	has salido
ha hablado	ha perdido	ha salido
hemos hablado	hemos perdido	hemos salido
habéis hablado	habéis perdido	habéis salido
han hablado	han perdido	han salido

SINTAXIS. En la mayoría de los casos, el verbo auxiliar, que es el verbo conjugado, ocupa el mismo lugar en la oración que un verbo que se conjuga en un tiempo simple. Simplemente ponga el participio al final de la locución verbal.

✔ **VERIFICACIÓN RÁPIDA**

Juan lo dice.	Juan lo **ha dicho.**
Juan no lo dice.	Juan no lo **ha dicho.**
¿No se lo dijo a María?	¿No se lo **ha dicho** a María?
¿Se lo dice?	¿No se lo **ha dicho**?

¿QUÉ USOS TIENE? El pretérito perfecto en español se refiere a una acción que ocurrió en un momento o en un espacio de tiempo indefinido (reducido o extenso —un día o una era de la historia— que continúa o que todavía ejerce una influencia en el presente).

He aprendido a nadar. (El hablante no especifica cuándo lo aprendió, pero es algo que todavía hace.)

Este año **he aprendido** a nadar. (Este año no se ha acabado todavía.)

He terminado mis deberes. (El proceso de haberlos terminado perdura en el tiempo.)

Muchos **han leído** las obras de Cervantes. (La gente ha leído y sigue leyendo las obras de Cervantes.)

Hasta ahora, no **he recibido** una carta del presidente.
(Hasta ahora [el presente] no la he recibido, pero todavía puedo recibir una carta.)

El pretérito perfecto *(present perfect) en inglés*

¿QUÉ FORMAS TIENE? El **pretérito perfecto** en inglés se forma con el presente del verbo *to have* + el participio pasado del verbo principal. El equivalente en español (véase la pág. 108) es *he cantado,* etc..

persona	singular	plural
1ra	*I have sung*	*we have sung*
2da	*you have sung*	*you have sung*
3ra	*he has sung*	*they have sung*

¿QUÉ USOS TIENE? El pretérito perfecto indica que desde el punto de vista del momento presente, la acción se ha llevado a término.

Compare: (1) *I **saw** that movie yesterday.* (Vi esa película ayer.) y (2) *I **have seen** that movie.* (He visto esa película.)

La primera oración hace hincapié en una acción pasada: *saw* (vi) o lo que hice ayer.

La segunda pone el énfasis en el hecho de que ya tuve la experiencia de ver la película, de que ya sé de qué se trata, o sea: He (presente) visto (definitivamente terminado con) la película.

Un uso idiomático de este tiempo se asocia con las palabras *for* y *since:*

> *I **have tried** for three hours to phone him.* (Durante tres horas corridas he tratado de llamarlo por teléfono.)

> *I **have tried** since five o'clock to phone him.* (Desde las cinco he tratado de llamarlo.)

Cuando empleamos el pretérito perfecto, se sobreentiende que se trata de un descanso momentáneo pero que las tres o cinco horas de esfuerzo se han extendido hasta el momento presente.

La forma continua del pretérito perfecto en español

¿QUÉ FORMAS TIENE? Para construir **la forma continua del pretérito perfecto** se conjuga el verbo *haber* en el presente, se pone el verbo *estar* en el participio (simple) y el verbo principal en el gerundio simple.

he estado hablando, etc.   he estado perdiendo, etc.   he estado saliendo, etc.

¿QUÉ USOS TIENE? Como en otras formas verbales continuas, la forma continua del pretérito perfecto pone el énfasis en la duración:

He estado esperándote por más de tres horas.

Ustedes han estado quejándose del trabajo toda la tarde.

Hemos estado pintando la casa todo el día.

El pretérito pluscuamperfecto en español

¿QUÉ ES? El pretérito pluscuamperfecto nos dice que una acción (o estado) se completó antes de otra acción pasada (o estado).

¿QUÉ FORMAS TIENE? El pretérito pluscuamperfecto se forma con el imperfecto del verbo auxiliar *haber* + el participio simple del verbo principal.

auxiliar	participio simple
había	hablado
habías	perdido
había	salido
habíamos	dicho
habíais	visto
habían	estado

¿QUÉ USOS TIENE? El pretérito pluscuamperfecto se refiere a algo que se ha terminado en el pasado antes de que comience otra acción (o estado) que también se llevó a cabo en el pasado.

Yo no sabía que ella **había llegado.**

La forma continua del pretérito perfecto en inglés *(present perfect progressive)*

Todas las formas continuas ponen el énfasis en la duración y se conjugan con el verbo auxiliar *to be* + el participio de presente del verbo principal.

¿QUÉ FORMAS TIENE? Para construir **la forma continua del pretérito perfecto,** el verbo *to be* se conjuga en el pretérito perfecto mientras que el verbo principal se pone en el participio presente. En español, los equivalentes son: *(Yo) he estado cantando* o *He estado en vías de cantar.*

persona	singular	plural
1ra	*I have been singing*	*we have been singing*
2da	*you have been singing*	*you have been singing*
3ra	*she has been singing*	*they have been singing*

¿QUÉ USOS TIENE? Como las demás formas verbales continuas, ésta hace hincapié en la duración. Observe el ejemplo del pretérito perfecto usado con la palabra *since* que ya vimos. Si en vez de decir *I have tried* (he tratado), hubiéramos dicho *I have been trying for three hours to phone him* (Hace tres horas corridas que he estado tratando de llamarlo), habríamos expresado no solamente un hecho, sino que habríamos indicado además cuán largo el espacio de tres horas se nos hizo.

El pretérito pluscuamperfecto en inglés *(past perfect* o *pluperfect)*

¿QUÉ FORMAS TIENE? El **pretérito pluscuamperfecto** se forma con el pretérito simple del verbo auxiliar *to have* + el participio pasado del verbo principal. El equivalente en español es también el pretérito pluscuamperfecto: *(Yo) había cantado,* etc.

persona	singular	plural
1ra	*I had sung*	*we had sung*
2da	*you had sung*	*you had sung*
3ra	*she had sung*	*they had sung*

Las formas del verbo auxiliar *had* a menudo se contraen: *I'd, you'd,* etc., como lo vemos en este ejemplo: ***I'd** returned the book before you asked for it. (Yo había devuelto el libro antes de que tú lo pidieras.)* (Véase la pág. 117.)

¿QUÉ USOS TIENE? Piense en una secuencia de eventos pasados en términos de "ayer" (pretérito) y de "la semana pasada". En español, el pretérito pluscuamperfecto y el pretérito anterior traducen el *past perfect* o *pluperfect* en inglés.

> *Mary **had finished** her paper, before I **began** mine.*
> pret. plusc. (la semana pasada)   pretérito (ayer)
> María había terminado su informe antes de que yo empezara el mío.

La forma continua del pluscuamperfecto en español

¿QUÉ ES? Este tiempo tiene las mismas características que otros verbos que ya hemos visto. Éstas son las siguientes:

> **pretérito** — punto de vista
> **tiempo perfectivo** — terminado
> **forma continua** — el énfasis es en la duración

¿QUÉ FORMAS TIENE? La forma continua del pluscuamperfecto se construye con el imperfecto del verbo *haber* + el participio simple de *estar* y el gerundio simple del verbo principal, p. ej. *habías estado hablando*.

¿QUÉ USOS TIENE? Este tiempo expresa una acción que había estado ocurriendo justo antes de que comenzara otra acción pasada:

> **Habíamos estado esperando** tres meses cuando por fin **llegó** la carta.

El pretérito anterior del indicativo en español

¿QUÉ FORMAS TIENE? El pretérito anterior se forma con el pretérito de *haber* + el participio simple del verbo. El equivalente en inglés es el pretérito pluscuamperfecto (*past perfect* o *pluperfect*).

auxiliar	participio simple
hube	hablado
hubiste	perdido
hubo	salido
hubimos	dicho
hubisteis	visto
hubieron	estado

¿QUÉ USOS TIENE? El pretérito anterior se usa primordialmente en la literatura. Sus valores semánticos son los mismos del pluscuamperfecto, el tiempo que se usa normalmente para referirse a este momento específico del pasado.

El futuro perfecto en español

¿QUÉ ES? Este tiempo expresa una acción venidera y que será acabada o, como el futuro, expresa una opinión acerca de un hecho pasado.

(continúa en la pág. 114)

La forma continua del pluscuamperfecto en inglés *(pluperfect progressive)*

¿QUÉ FORMAS TIENE? La forma continua del pluscuamperfecto se construye con el pluscuamperfecto del verbo *to be* + el participio presente del verbo principal. El equivalente en español es: *(Yo) había estado cantando*, etc.

persona	singular	plural
1ra	*I had been singing*	*we had been singing*
2da	*you had been singing*	*you had been singing*
3ra	*he had been singing*	*they had been singing*

¿QUÉ USOS TIENE? Este tiempo expresa una acción (o estado) que había estado llevándose a cabo (o desarrollándose) antes de que otra acción pasada ocurriera.

> *I **had been waiting** for three weeks when the letter **arrived.***
> (Yo) había estado esperando tres semanas cuando la carta llegó.
>
> (La espera comenzó hace tres semanas y un día y continuó hasta ayer, cuando la carta llegó.)

El futuro perfecto en inglés

¿QUÉ FORMAS TIENE? El futuro perfecto se construye con el futuro del verbo auxiliar *to have* + el participio pasado del verbo principal. Corresponde al español *(Yo) habré cantado*, etc.

persona	singular	plural
1ra	*I will have sung*	*we will have sung*
2da	*you will have sung*	*you will have sung*
3ra	*he will have sung*	*they will have sung*

NOTA: Estas formas se contraen a menudo en la lengua hablada: *I'll've*, etc.

¿QUÉ USOS TIENE? El futuro perfecto tiene solamente un uso fundamental en inglés. Se utiliza, como en español, para expresar la finalización venidera de algo. No tiene los valores semánticos de sorpresa o de conjetura, valores que los verbos modales expresan en inglés.

> *I **will have finished** the book before the professor **arrives.***
> futuro perfecto   presente

Esto suena muy formal en inglés. Hay una tendencia a usar el futuro perfecto solamente cuando es importante hacer hincapié en una acción terminada. En ese caso casi siempre se utiliza la contracción:

> *I'**ll've finished** my work before you even start yours!*
> ¡Habré terminado mi trabajo antes de que usted comience el suyo!

El futuro perfecto
en español
(continuación)

¿QUÉ FORMAS TIENE? El futuro perfecto se forma con el auxiliar *haber* en el futuro + el participio simple.

hablar	perder	salir
habré hablado	habré perdido	habré salido
habrás hablado	habrás perdido	habrás salido
habrá hablado	habrá perdido	habrá salido
habremos hablado	habremos perdido	habremos salido
habréis hablado	habréis perdido	habréis salido
habrán hablado	habrán perdido	habrán salido

¿QUÉ USOS TIENE? El futuro perfecto se utiliza:

1. para expresar una acción que se llevará a término en el futuro.

> **Habré terminado** el libro antes de que el profesor **llegue.**
> futuro perfecto   subjuntivo presente

NOTA: A pesar de que la segunda oración está en el presente (del modo subjuntivo), ésta se refiere al futuro. El profesor no va a llegar en este momento. El profesor no llega ahora.

2. como el futuro para expresar sorpresa.

> ¿Cómo lo **habrá sabido** Alonso?

3. para expresar conjetura o probabilidad.

> Le **habrá dicho** eso a su profesor.

Para encontrar las maneras de expresar estos dos últimos usos en inglés, refiérase a los verbos modales en el Apéndice II la pág. 132.

La forma continua del futuro perfecto en español

¿QUÉ ES? La forma continua del futuro perfecto nos dice algo acerca de una acción (o estado) que se continuará y que finalmente se llevará a término en el futuro.

¿QUÉ FORMAS TIENE? Se construye con el futuro de *haber* + el participio simple de *estar* y el gerundio simple del verbo principal.

persona	singular	plural
1ra	habré estado hablando	habremos estado hablando
2da	habrás estado hablando	habréis estado hablando
3ra	habrá estado hablando	habrán estado hablando

¿QUÉ USOS TIENE? Este tiempo pone el énfasis en la larga duración de una acción cuyo comienzo no se especifica, pero cuyo posible término tendrá lugar en el futuro. Sin embargo, esta forma del futuro perfecto se utiliza más a menudo para expresar probabilidad.

> **Habrás estado estudiando** chino toda tu vida, ¿verdad?

> ¿**Habrá estado trabajando** Pedro en esa empresa quince años?

La forma continua del futuro perfecto en inglés

¿QUÉ FORMAS TIENE? Se construye con el futuro perfecto del auxiliar *to be* + el participio presente del verbo principal. Este tiempo corresponde al siguiente en español: *(Yo) habré estado cantando.*

persona	singular	plural
1ra	*I will have been singing*	*we will have been singing*
2da	*you will have been singing*	*you will have been singing*
3ra	*she will have been singing*	*they will have been singing*

¿QUÉ USOS TIENE? Se emplea para poner el énfasis en la larga duración de una acción cuyo comienzo no se especifica, pero cuyo posible término (por lo menos provisionalmente) tendrá lugar en el futuro.

> *I **will have been studying** English for 16 years when I graduate.*
> (Yo) habré estudiado inglés durante dieciséis años antes de terminar la carrera.

(A pesar de que la entrega de títulos se expresa en el futuro —y de que el inglés utiliza el presente— al leer esta oración, no se sabe ni cuándo "yo" obtendré mi título, ni cuándo empecé a estudiar inglés. Lo importante aquí es la relación que existe entre los verbos de las dos oraciones. En otras palabras, habrá pasado un período de dieciséis años antes de que yo obtenga mi título.)

Esto también suena muy formal en inglés. Se utiliza en casos como: *You expect us to stay 'til 6 o'clock. We'll be too tired! By then **we'll've been working** for nine hours!* (Tú esperas que nosotros nos quedemos hasta las seis. ¡Vamos a estar muy cansados! ¡Cuando sean las seis habremos trabajado [se prefiere a "habremos estado trabajando"[1]] durante nueve horas!)

---

[1]En español, cuando usamos la forma continua del futuro perfecto, lo hacemos con construcciones específicas tales como: *Estamos realmente agotados. Será porque **habremos estado trabajando** toda la madrugada, ¿no?*

El condicional perfecto en español

¿QUÉ ES? Este tiempo expresa una acción que podría llevarse a cabo en el futuro en caso de que se cumplieran ciertas condiciones.

¿QUÉ FORMAS TIENE? El condicional perfecto se forma con el condicional del verbo *haber* + el participio simple del verbo principal.

hablar	perder	salir
habría hablado	habría perdido	habría salido
habrías hablado	habrías perdido	habrías salido
habría hablado	habría perdido	habría salido
habríamos hablado	habríamos perdido	habríamos salido
habríais hablado	habríais perdido	habríais salido
habrían hablado	habrían perdido	habrían salido

¿QUÉ USOS TIENE? El condicional perfecto se usa primordialmente con el tercer tipo de oraciones condicionales.

Él **habría visto** la película, si hubiera sabido que era tan buena.

✔ **VERIFICACIÓN RÁPIDA:** Los tres tipos de oraciones condicionales son:

La oración que expresa condición	La oración que expresa resultado
1. Si **está** listo (presente)	**iremos** al cine. (futuro)
2. Si **estuviera (estuviese)**[1] listo (imperfecto de subjuntivo)	**iríamos** al cine. (condicional)
3. Si **hubiera (hubiese)**[1] estado listo (pluscuamperfecto del subjuntivo)	**habríamos ido** al cine. (condicional perfecto)

---

[1]Las formas del imperfecto del subjuntivo que terminan en "-ra" son menos formales que las que terminan en "-se" en la mayoría de las culturas del mundo hispánico.

El condicional perfecto en inglés

¿QUÉ FORMAS TIENE? El condicional perfecto se forma con el condicional del verbo *to have* + el participio pasado del verbo principal. El equivalente en español es: *(Yo) habría cantado,* etc.

persona	singular	plural
1ra	*I would have sung*	*we would have sung*
2da	*you would have sung*	*you would have sung*
3ra	*he would have sung*	*they would have sung*

Las diferentes formas del verbo auxiliar a menudo se contraen, especialmente en la lengua hablada, para convertirse en *I'd've, you'd've,* etc. (Véase la pág. 111.):

> *I'd've come if I'd known.* ([Yo] habría venido si lo hubiera sabido.)

En la conversación, cuando se usan estas contracciones, la tendencia a comerse palabras se acentúa y las palabras suenan como: "*I 'wouda' come if I'da' known.*" A pesar de que podemos oírlas de esta manera, estas palabras no se escriben, a menos que no tratemos de imitar una conversación.

¿QUÉ USOS TIENE? El condicional perfecto se usa primordialmente con el tercer tipo de las oraciones que expresan resultado (refiérase a las categorías que se presentarán más adelante).

> *He **would have (would've) seen** the film if **he had (he'd) known** that it was so good.*
> condicional perfecto   pluscuamperfecto del indicativo

> Él **habría visto** la película si (él) **hubiera sabido** que era tan buena.
> condicional perfecto   pluscuamperfecto del subjunctivo

> *We **would have (would've) come** if **we had (we'd) known** about it.*
> condicional perfecto   pluscuamperfecto del indicativo

> **Habríamos venido** si lo **hubiéramos sabido.**
> condicional perfecto   pluscuamperfecto del subjuntivo

NOTA: La *d* en inglés sirve de contracción tanto para *had* como para *would.* Esto puede crear cierta confusión a menos que se analice con cuidado lo que se quiere decir.

> *If **he'd said** he needed it, **I'd've given** it to him.*
> (*he had said* [pluscuamperfecto del indicativo]) (*I would have given* [condicional perfecto])

> Si hubiera dicho que lo necesitaba, yo se lo habría dado.

(continúa en la pág. 119)

La forma continua del condicional perfecto en español

¿QUÉ ES? La forma continua del condicional perfecto nos habla de una acción (o estado) que hubiera podido continuar y llevarse a término en el pasado, si ciertas condiciones se hubieran cumplido.

persona	singular	plural
1ra	habría estado hablando	habríamos estado hablando
2da	habrías estado hablando	habríais estado hablando
3ra	habría estado hablando	habrían estado hablando

¿QUÉ USOS TIENE? Este tiempo se usa de la misma manera que el condicional perfecto, con la única diferencia que la forma continua comprende además la idea de duración:

No **habría estado durmiendo** cuando llegaste, si **hubiera sabido** que venías.
forma continua del condicional perfecto   pluscuamperfecto del subjuntivo

El condicional perfecto en inglés (continuación)

✔ **VERIFICACIÓN RÁPIDA:** Los tres tipos de oraciones condicionales más comunes en inglés son:

La oración con *if*	La oración que expresa resultado
1. *If you **are** ready* Si estás listo (presente)	*we **will** go.* iremos (futuro)
2. *If you **were** ready (but you're not!)* = contrario a los hechos Si estuvieras listo (imperfecto del subjuntivo)	*we **would** go.* iríamos (condicional)
3. *If you **had been** ready (but you weren't)* = contrario a los hechos Si hubieras estado listo (pluscuamperfecto)	*we **would have** gone.* habríamos ido. (condicional perfecto)

La forma continua del condicional perfecto en inglés

¿QUÉ FORMAS TIENE? La forma continua del condicional perfecto se construye con el condicional perfecto del verbo *to be* + el participio pasado del verbo principal. La forma equivalente en español es: *(Yo) habría estado cantando.*

persona	singular	plural
1ra	*I would have been singing*	*we would have been singing*
2da	*you would have been singing*	*you would have been singing*
3ra	*she would have been singing*	*they would have been singing*

¿QUÉ USOS TIENE? Este tiempo verbal se utiliza de la misma manera que el condicional perfecto, con la única diferencia que la forma continua comprende además la idea de duración:

I would not have been sleeping when you arrived if **I had known** you were coming.
f. continua del condicional perfecto   pluscuamperfecto del subjuntivo

(Yo) no habría estado durmiendo cuando llegaste si hubiera sabido que tú venías.

La voz pasiva en español

¿QUÉ ES? **La voz pasiva** es la forma verbal que se utiliza cuando el sujeto recibe la acción del verbo. Observe que el complemento directo de un verbo en la voz activa se convierte en el sujeto paciente de ese mismo verbo cuando éste adopta su forma pasiva. Entonces, en una locución prepositiva, el sujeto del "verbo activo" o sujeto agente, se coloca después del "verbo pasivo".

¿QUÉ FORMAS TIENE? La voz pasiva en español se forma normalmente con el verbo *ser,* pero a veces también se forma con el verbo *estar* más el participio (simple) del verbo principal que funciona como un adjetivo, lo que quiere decir que siempre concuerda en género y número con el sujeto.

> **NOTA:** *Estar* se utiliza cuando ni el sujeto agente ni la acción tienen importancia verdadera. El participio (simple) es realmente un adjetivo que describe una condición, p. ej.: El apartamento **estaba** muy mal **amueblado.**

La voz pasiva puede aparecer en cualquier tiempo verbal tanto en el modo indicativo como en el subjuntivo. Casi siempre la preposición *por* indica cuál es el sujeto agente del verbo. Pero también el sujeto agente puede aparecer después de la preposición *de. De* se usa para referirse a reacciones mentales o afectivas (que reflejan más bien una forma de responder que de actuar), p. ej.: Sus obras **eran reconocidas de** todo el mundo. *De* también se puede usar cuando los verbos *ser* y *estar* no aparecen explícitos (pero sí sobreentendidos) en la oración: Este maestro, **venerado de** todos los estudiantes…

tiempo	voz activa	voz pasiva
presente	María agarra la pelota.	La pelota **es agarrada por** María.
pret. perfecto	El hombre ha leído los libros.	Los libros **han sido leídos por** el hombre.

El resto de los tiempos se forman a partir de la forma apropiada de los verbos *ser* o *estar* más el participio simple del verbo.

¿QUÉ USOS TIENE? La mayoría de la gente cree que la voz pasiva es una voz débil y que es mejor recurrir siempre a la voz activa para expresar algo. Existe una tendencia a utilizar un lenguaje menos colorido, menos rico cuando se acude a la voz pasiva. Compare las oraciones siguientes:

voz pasiva	voz activa
Nuestra cerca fue destrozada por un toro.	El toro que se escapó destrozó nuestra cerca.
Este cuadro de colores vivos fue pintado por Pablo Picasso.	Pablo Picasso pintó este cuadro de colores vivos.

A veces, cuando no sabemos quién es el sujeto agente o cuando nos interesamos más en saber los resultados de una acción que en saber algo sobre la acción misma, la voz pasiva provee todo lo que necesitamos:

> La casa **está destruida.** El poema **fue escrito** por Bécquer.

(continúa en la pág. 122)

La voz pasiva en inglés

En inglés, la voz pasiva se forma y se usa de la misma manera que en español.

voz activa:	*The dog*	*bit*	*Susie.*
	sujeto agente	verbo v. activa	c. directo
voz pasiva:	*Susie*	*was bitten by*	*the dog.*
	sujeto paciente	verbo v. pasiva	sujeto agente

Observe que el complemento directo del "verbo activo" se convierte en el sujeto paciente del "verbo pasivo". El sujeto agente a veces se omite, p. ej., en la expresión familiar *John got caught.* (Agarraron a John infraganti.) En esta oración o no es importante saber quién o qué lo agarró, o en realidad no se conoce a la persona/cosa que lo hizo.

La voz pasiva puede utilizarse también para disimular la identidad del sujeto agente si el hablante no quiere revelar quién es el responsable de algo, p. ej., *The window got broken.* (La ventana se rompió.)

¿QUÉ FORMAS TIENE? La voz pasiva se forma a partir de los verbos *to be* o *to get* más el participio pasado del verbo principal.

> **NOTA:** Solamente los verbos transitivos (los que pueden tener un complemento directo) pueden cambiarse a la voz pasiva.

Tiempo	Voz activa	Voz pasiva
Presente	*Mary catches the ball.* (Mary atrapa la pelota.)	*The ball **is caught by** Mary.* (La pelota es atrapada por Mary.)
Pretérito	*The man read the book.* (El hombre leyó el libro.)	*The book **was read by** the man.* (El libro fue leído por el hombre.)
Futuro	*Mrs. Smith will lead the discussion.* (La Sra. S. dirigirá la discusión.)	*The discussion **will be led by** Mrs. Smith.* (La discusión será dirigida por la Sra. S.)
Condicional perfecto	*The class would have finished, but . . .* (La clase habría terminado, pero...)	*The job **would have been finished by** the class, but . . .* (El trabajo habría sido terminado por la clase, pero...)

Todas las formas verbales perfectivas y continuas pueden formarse de la misma manera.

Algunas formas pueden hacerse demasiado largas y por eso raras veces se usan. Por ejemplo, la voz pasiva del futuro continuo se construye de esta forma: *The work **will have been done** at 3 p.m.* (El trabajo habrá sido terminado para las tres de la tarde.)

¿QUÉ USOS TIENE? A pesar de ser débil, la voz pasiva se utiliza mucho más en inglés que en español, sobre todo en la conversación. Esto se explica por una buena razón, y es que tanto las construcciones impersonales como las reflexivas se usan en español como voz pasiva, pero las reflexivas no están a nuestra disposición en inglés. Por eso, en vez de *Here one speaks Spanish.* (Aquí se habla español.) encontraremos en inglés: *Spanish is spoken here.*

(continúa en la pág. 123)

La voz pasiva en español (continuación)

En la mayoría de los casos, sin embargo, es mejor utilizar la voz activa. En español hay varias maneras de evitar el uso de la pasiva:

1. Invierta el orden de los elementos de la oración.
   No Diga: El libro **fue leído por** la clase.   Diga: La clase **leyó** el libro.

2. Utilice una construcción impersonal, o sea, una construcción que no dice cuál es el agente (y que siempre tiene un verbo conjugado en la tercera persona singular).
   No Diga: Aquí el español **es hablado.**   Diga: Aquí **se habla** español.

3. Use la forma reflexiva del verbo.
   No Diga: Ayer los vestidos **fueron vendidos** a bajo precio.
   Diga: Ayer los vestidos **se vendieron** a bajo precio.

El modo imperativo en español

¿QUÉ ES? El imperativo es el modo que se usa para expresar órdenes y mandatos.

¿QUÉ FORMAS TIENE? Solamente los imperativos de *tú* y de *vosotros* muestran peculiaridades en sus formas:

1. La forma de *tú* omite la "s" característica del indicativo.

2. La forma de *vosotros* es la misma que la del infinitivo, con la excepción de que una "d" sustituye la "r".

Para el resto de los verbos, incluyendo las formas de la tercera persona junto con el *tú* y el *vosotros* en la negación, se acude al presente del subjuntivo para dar órdenes (véase la pág. 124).

persona	hablar	comer	vivir
(tú)	¡habla!	¡come!	¡vive!
(vosotros/as)	¡hablad!	¡comed!	¡vivid!
(nosotros/as)	¡hablemos!	¡comamos!	¡vivamos!
(usted)	¡hable!	¡coma!	¡viva!
(ustedes)	¡hablen!	¡coman!	¡vivan!

Las formas negativas del imperativo:

persona	hablar	comer	vivir
(tú)	¡no hables!	¡no comas!	¡no vivas!
(vosotros/as)	¡no habléis!	¡no comáis!	¡no viváis!

Como es de esperar, para negar una orden o mandato, simplemente se pone un *no* antes de la forma afirmativa de *nosotros(as), vosotros(as),* de *usted* y *ustedes.*

*La voz pasiva
en inglés
(continuación)*
La voz pasiva se utiliza también en inglés cuando la persona o cosa que recibe la acción (sujeto paciente) es más importante que el sujeto agente. Vuelva al primer ejemplo de la voz pasiva que vimos previamente en esta sección. Imagine que Susie es su hermanita. Lo importante es que algo le pasó. Como usted quiere decir algo acerca de ella, necesita que el nombre de la niña aparezca primero en la oración, para que el oyente o el lector ponga toda su atención en Susie.

El modo imperativo en inglés

¿QUÉ FORMAS TIENE? El imperativo tiene solamente una forma: el infinitivo sin el *to*. Con el imperativo todos los sujetos se omiten.

En la segunda persona el imperativo se forma (igual en el singular y en el plural) así: *Sing!*

Para la primera persona del plural, use el auxiliar *let* + el pronombre complemento *us* con el infinitivo: *Let us pray.* [formal] (¡Oremos!). También puede utilizar la contracción *let's*, p. ej.: *Let's go to the movies.* [familiar] (¡Vayamos / Vamos al cine!).

Para la tercera persona, puede usar *let* + el complemento (un nombre o pronombre: *him, her, it, them*) con el infinitivo: *Let them come in* (¡Déjalos / Déjelos entrar!). Pero esto resulta un poco anticuado. También puede utilizar *have*, lo que suena más exigente: *Have Jones do the report* (¡Pídale a Jones que prepare el informe!). La tercera posibilidad es la de utilizar *make*. Es la que más exigente suena de todas porque implica un cierto grado de compulsión: *Make them keep quiet!* (¡Hazlos / Hágalos callar!).

Sustitutos. En inglés, como en español, hay varias maneras de evitar el dar órdenes de una forma directa. Siempre use estas formas par mostrar cortesía o respeto:

1. Una pregunta utilizando el futuro: ***Will you type this*** *for me, please?* (¿Podrá usted mecanografiarme esto?)

2. Una coletilla interrogativa: *Hand me that book,* ***will you please?*** (Pásame / Páseme ese libro, ¿podría/s, por favor?)

3. Las posibilidades anteriores (#1 y #2) en el condicional para solicitar algo de una manera mucho más cortés: ***Would you type this*** *for me please?* (Podría/s mecanografiarme esto?) o *Hand me that book,* ***would you please?*** (Pásame / Páseme ese libro, ¿podría/s, por favor?)

4. La expresión *would you like to* seguida por el infinitivo del verbo principal: ***Would you like to come*** *over here?* (¿Le gustaría venir [para] acá?)

5. Las expresiónes *do you mind* o *would you mind* seguidas por el participio (de) presente del verbo principal: ***Do you mind (would you mind) waiting*** *a moment?* (¿Tendría Ud. algún inconveniente en…? / ¿Le molestaría…?)

Las formas irregulares del imperativo en español

Solamente estos verbos tienen formas irregulares en el modo imperativo:

verbo	tú	vosotros	usted	nosotros	ustedes
decir	di	decid	diga	digamos	digan
hacer	haz	haced	haga	hagamos	hagan
ir	ve	id	vaya	vayamos	vayan
				(o vamos)	

SINTAXIS. El problema siguiente surge en el imperativo:

1. En las formas afirmativas del imperativo, los pronombres sujeto, cuando están expresados, aparecen después del verbo: **Hablen** (ustedes) español. **Ven** (tú) conmigo.

   Los complementos, cuando los hay, se insertan en el verbo. (Véase la pág. 28.)

   ¡Díga**me**!   ¡Escríba**lo**!   ¡Vámo**nos**!

2. En las formas negativas del imperativo, los complementos regresan a su posición y orden normales.

   ¡No **me** diga!   ¡No **lo** escriba!   ¡No **nos** vayamos!

El modo subjuntivo en español

¿QUÉ ES? El **subjuntivo** es el modo que expresa lo que podría ser la verdad.

¿QUÉ FORMAS TIENE? El modo subjuntivo tiene cuatro tiempos usados comúnmente en español: **el presente, el imperfecto, el pretérito perfecto** y **el pluscuamperfecto**. El presente del subjuntivo se forma al omitir la "-o" de la primera persona del singular (del presente indicativo) para así encontrar la raíz o radical del verbo y luego añadirle las terminaciones de subjuntivo apropiadas que aparecen en la tabla que sigue.

hablar	comer	abrir
yo habl-o	yo com-o	yo abr-o (presente del indicativo)
habl**e**	com**a**	abr**a**
habl**es**	com**as**	abr**as**
habl**e**	com**a**	abr**a**
habl**emos**	com**amos**	abr**amos**
habl**éis**	com**áis**	abr**áis**
habl**en**	com**an**	abr**an**

Como en español, las formas del presente continuo que se emplean en el indicativo se usan también en el subjuntivo, p. ej.: ... que (yo) esté hablando.

Los verbos que normalmente sufren cambios ortográficos como *pensar, volver, pedir,* etc., sufrirán también transformaciones en el subjuntivo porque éstas ya eran características de la primera persona singular *(yo)* del presente indicativo de esos verbos.

(continúa en la pág. 126)

El modo subjuntivo en inglés

¿QUÉ FORMAS TIENE? El subjuntivo no sufre cambios para concordar con la persona. El presente del subjuntivo del verbo (o del verbo auxiliar en un tiempo compuesto) es siempre el mismo: la forma básica o infinitiva del verbo.

Por lo tanto, es diferente del indicativo solamente en los casos siguientes:

1. En la tercera persona singular: *that he take* (que él tome), *that she have taken* (que ella haya tomado).

2. Con el verbo *to be,* que es un verbo irregular.

    presente = *that I be, that he be,* etc.   imperfecto = *that I were, that she were,* etc.

¿QUÉ USOS TIENE? El subjuntivo se usa raramente en inglés. A pesar de ello, sí tiene algunos usos específicos que son importantes en el inglés formal:

1. con condiciones contrarias a la realidad:

    *If I **were** you . . .* (Si fuera tú...)

2. después de verbos como *wish, suppose, insist, urge, demand, ask, recommend* y *suggest.*

    *I wish that he **were** able to come.* (Me gustaría que él pudiera venir.)

    *They insisted that we **be** present.* (Insistieron en que estuviéramos presentes.)

    *I recommend that he **learn** the subjunctive.* (Recomiendo que él aprenda el subjuntivo.)

3. después de algunas expresiones impersonales como *it is necessary* y *it is important:*

    *It is important that he **avoid** errors.* (Es importante que él evite los errores.)

    *It is necessary that Mary **understand** its use.* (Es necesario que Mary comprenda su uso.)

4. en algunas frases hechas:

    *So **be** it! Long **live** the Queen! Heaven **forbid**! Far **be** it from me to suggest that!*
    (¡Que así sea!, ¡Qué viva la reina!, ¡Dios nos libre!, ¡No es que yo quiera sugerir algo así ni mucho menos!)

NOTA: La mayoría de estas expresiones dicen lo mismo que la tercera persona singular del imperativo, pero de otra forma. En ellas, la idea *I wish that* (me gustaría que...) se sobreentiende pero no se expresa.

Siempre que es posible (excepto en el caso de las frases hechas), en el inglés hay una tendencia a utilizar expresiones equivalentes (casi siempre con auxiliares modales) para evitar el uso del subjuntivo. Con la excepción del nivel más formal de la escritura, esto ocurre a los otros niveles del inglés escrito. (Véase el Apéndice II, pág. 132.)

Compare estas oraciones en el indicativo con los ejemplos que vimos anteriormente:

1. *I wish that he **could come**.* (Me gustaría que viniera.)
2. *I told her that she **must learn** the subjunctive.* (Le dije que tenía que aprender el subjuntivo.)
3. *It is important for him **to avoid** errors.* (Para él, es importante evitar los errores.)
4. *Mary **needs to understand** its importance.* (Mary necesita comprender su importancia.)

El modo subjuntivo
en español
(continuación)

Los verbos que terminan en "-car" o "-gar" sufrirán los siguientes cambios en el subjuntivo: la "c" se transformará en "qu" y la "g" se transformará en "gu" antes de una "e": *tocar / toque; pagar / pague*. Son exactamente los mismos cambios que sufre la primera persona del indicativo.

Algunos verbos irregulares comunes en el presente del subjuntivo son:

infinitivo	radical irregular + terminaciones
haber	haya, etc.
ser	sea, etc.
ir	vaya, etc.
estar	esté, estés, esté, estemos, estéis, estén
dar	dé, des, dé, demos, deis, den
saber	sepa, etc.
ver	vea, etc.

¿QUÉ USOS TIENE?

En teoría, el subjuntivo se utiliza para demostrar que lo que se dice:

1. es potencialmente cierto (pero no en realidad).
2. está matizado por alguna emoción (que a menudo tergiversa los hechos).
3. expresa una actitud hacia algo (en vez de expresar los hechos reales).
4. o no es cierto o es dudoso o lo más probable sea inexistente.

En la práctica, hay algunas palabras y expresiones que requieren el subjuntivo. La teoría podrá ayudarle a recordar cuáles son, pero más vale la práctica que la teoría. Si una expresión requiere el subjuntivo, entonces tiene que usarlo. El que usted crea o no que esto encaja en la teoría de base no tiene nada que ver.

El subjuntivo se utiliza principalmente:

1. después de expresiones o verbos que expresan las reacciones afectivas del sujeto:
   Estoy contento que...; tememos que...; me sorprende que...

2. después de verbos como *querer* y *exigir* cuando hay un cambio de sujeto:
   Subjuntivo: Quiero que Raúl **venga.** (note el cambio de sujeto)
   Infinitivo: Quiero **venir.** (no hay cambio de sujeto)

3. después de verbos que expresan duda, negación, necesidad, importancia y opinión cuando ésta implica un cierto grado de incertidumbre. Contraste las listas que siguen:

(continúa en la pág. 127)

El modo subjuntivo
en español
(continuación)

Subjuntivo

Dudo que mi padre **venga**.
Niega que este hombre **sea** su padre.

Es posible que yo no **venga**.
Es increíble que él no me **crea**.
Ojalá que **venga**.
Es bueno que tú no **tengas** hambre.
Es importante que ustedes **aprendan** inglés.

Indicativo

Es cierto que mi madre **viene**.
Es verdad que este hombre **es** su padre.
Es seguro que yo no **vengo**.
Es seguro que él me **cree**.
No niego que **viene**.
Es verdad que no **tienes** hambre.
No dudo que ustedes **aprenden** inglés.

4. después de conjunciones que expresan:

concesión:	aunque; bien que
propósito:	porque; a fin de que
tiempo indefinido:	hasta; antes de que
negación:	sin que; a menos que

5. después de superlativos (porque pueden implicar exageración a un nivel afectivo). Contraste los enunciados que siguen:

Es el mejor poema que **conozca**.   (Lo que quiere decir: ¡me encanta!)

Es el joven más grande que yo **conozco**.   (Lo que quiere decir: ninguno de mis otros amigos es tan alto.)

El primer enunciado expresa una emoción; el segundo establece un hecho. El indicativo y el subjuntivo le dicen respectivamente al oyente cómo quiere que se interprete el enunciado. Algunos hispanohablantes no hacen este tipo de distinción y emplean el subjuntivo para todos los casos.

6. después de los pronombres relativos que se refieren a un antecedente indefinido.

Quiero hablar con **alguien que conozca** bien la ciudad.

7. Algunos verbos (especialmente *pensar* y *creer*) exigen el subjuntivo cuando están en la forma negativa o interrogativa. Esto ocurre porque al preguntarle a alguien qué piensa de algo o al decir que una persona no cree algo, estamos cuestionando la veracidad de una situación. Las formas negativas de la interrogación *¿No piensa que...?* a menudo piden el indicativo porque al usarlas esperamos una respuesta afirmativa:

¿Cree Ud. que el profesor **esté** enfermo?
No creo que el profesor **esté** enfermo.
¿No cree Ud. que el profesor **está** (o **esté**) enfermo?

8. para los imperativos en la tercera persona: ¡Qué **se callen**! (Véase la pág. 122.)

9. en algunas frases hechas como: ¡**Viva** el Rey!

El imperfecto del subjuntivo en español

¿QUÉ FORMAS TIENE? El imperfecto del subjuntivo se forma al omitir el "-ron" de la tercera persona plural del pretérito. Así encontramos la raíz o el radical de todos lo verbos regulares e irregulares para este tiempo en específico. La forma de *nosotros* siempre lleva acento. Hay dos grupos de terminaciones posibles:

Forma I

estudiar	comer	abrir	decir
estudiara	comiera	abriera	dijera
estudiaras	comieras	abrieras	dijeras
estudiara	comiera	abriera	dijera
estudiáramos	comiéramos	abriéramos	dijéramos
estudiarais	comierais	abrierais	dijerais
estudiaran	comieran	abrieran	dijeran

Forma II

estudiar	comer	abrir	decir
estudiase	comiese	abriese	dijese
estudiases	comieses	abrieses	dijeses
estudiase	comiese	abriese	dijese
estudiásemos	comiésemos	abriésemos	dijésemos
estudiaseis	comieseis	abrieseis	dijeseis
estudiasen	comiesen	abriesen	dijesen

Como en español las formas continuas de este tiempo que se emplean en el indicativo, se usan también en el subjuntivo, p. ej.: ... *que (yo) estuviera (estuviese) hablando*.

Aunque existen dos formas del imperfecto del subjuntivo, generalmente la primera forma se usa más comúnmente. La segunda forma se limita más bien a la escritura formal en la mayoría de las culturas de habla hispana. No obstante, se ha de notar que se utiliza muy a menudo en el habla cotidiana en España.

A pesar de que existe una construcción futura del subjuntivo en español, éste raramente se utiliza y no lo estudiaremos aquí.

El condicional del subjuntivo no existe en español. Se utiliza el imperfecto del subjuntivo cuando se quiere expresar una condición.

¿QUÉ USOS TIENE? El imperfecto del subjuntivo aparece en oraciones subordinadas cuando:

1. el verbo que requiere el subjuntivo en la oración principal está en el imperfecto.

   Los estudiantes **temían** que el profesor **estuviera** enfermo.

2. en la oración principal, el verbo que requiere el subjuntivo está en el presente del indicativo pero la idea que se encuentra en la oración subordinada está expresada en un tiempo del pasado.

   Es bueno que él **llegara** ayer.

El pretérito perfecto (o presente perfecto) del subjuntivo en español

¿QUÉ FORMAS TIENE? **El pretérito perfecto del subjuntivo** se forma a partir del presente del subjuntivo del verbo auxiliar *haber* + el participio simple del verbo principal.

auxiliar	participio simple
haya	hablado
hayas	perdido
haya	salido
hayamos	dicho
hayáis	visto
hayan	estado

¿QUÉ USOS TIENE? El pretérito perfecto del subjuntivo se encuentra en las oraciones subordinadas que expresan una acción que ha ocurrido o que pudo haber ocurrido cuando el verbo de la subordinada está regido por una expresión verbal o de otro tipo que requiere el subjuntivo.

> **Espero** que el profesor **haya leído** nuestros exámenes.

> **Aunque** el profesor **haya leído** los exámenes, esto no significa que hoy él va a devolvérselos a los estudiantes.

> **Cuando** usted **haya decidido,** dígamelo por favor.

El pretérito pluscuamperfecto del subjuntivo en español

Como el imperfecto del subjuntivo, **el pluscuamperfecto del subjuntivo** tiene dos formas. Este tiempo se forma a partir de la unión del imperfecto del subjuntivo del verbo auxiliar *haber* con el participio simple del verbo.

Forma I

auxiliar	participio simple
hubie**ra**	estudiado
hubie**ras**	comido
hubie**ra**	vivido
hubié**ramos**	abierto
hubie**rais**	dicho
hubie**ran**	visto

Forma II

auxiliar	participio simple
hubie**se**	estudiado
hubie**ses**	comido
hubie**se**	vivido
hubié**semos**	salido
hubie**seis**	dicho
hubie**sen**	visto

¿QUÉ USOS TIENE? El pretérito pluscuamperfecto del subjuntivo aparece en aquellas oraciones subordinadas en las que la acción ha ocurrido anteriormente a la acción del verbo de la oración principal.

> **Temían** que Alicia **hubiera partido.**

> **No creí** que Ramón **hubiera mentido.**

> **Yo no habría creído** que el profesor **hubiera podido** hacer lo que había hecho.

APÉNDICE I: *Verbos irregulares comunes en inglés*

Para aprender cualquier forma verbal en inglés, excepto las del verbo *to be* (ser / estar), usted necesitará considerar solamente estas cuatro "partes principales" del verbo. Solamente se consideran aquí los verbos que tienen una raíz o radical. Por lo general, la raíz o radical es la parte del verbo que no cambia. Si usted utiliza un verbo compuesto o derivado de otro, como es el caso de *become* y de *understand*, busque sus partes principales bajo los verbos *come* y *stand* respectivamente ya que son de la misma familia.

infinitivo / *infinitive*	pretérito / *past*	participio pasado / *past participle*	participio presente / *present participle*	significado / *meaning*
arise	arose	arisen	arising	levantarse
awake	awoke	awoken	awaking	despertar(se)
be	was (were)	been	being	ser / estar
beat	beat	beaten	beating	batir / golpear / derrotar
begin	began	begun	beginning	comenzar
bend	bent	bent	bending	encorvar / doblar
bite	bit	bitten	biting	morder
bleed	bled	bled	bleeding	sangrar
blow	blew	blown	blowing	soplar
break	broke	broken	breaking	romper(se)
bring	brought	brought	bringing	aportar / traer
build	built	built	building	erigir / construir
buy	bought	bought	buying	comprar
catch	caught	caught	catching	coger
choose	chose	chosen	choosing	escoger
come	came	come	coming	venir
cut	cut	cut	cutting	cortar
dig	dug	dug	digging	excavar
dive	dived / dove	dived / dove	diving	saltar / bucear / zambullir
do	did	done	doing	hacer
draw	drew	drawn	drawing	estirar / dibujar
drink	drank	drunk	drinking	beber
eat	ate	eaten	eating	comer
fall	fell	fallen	falling	caer(se)
feed	fed	fed	feeding	dar de comer
feel	felt	felt	feeling	sentir(se)
fight	fought	fought	fighting	pelear
find	found	found	finding	hallar / descubrir
fly	flew	flown	flying	volar
forget	forgot	forgotten	forgetting	olvidar
freeze	froze	frozen	freezing	congelar
get	got	got / gotten	getting	recibir
give	gave	given	giving	dar
go	went	gone	going	ir
grind	ground	ground	grinding	moler
grow	grew	grown	growing	crecer, cultivar
hang	hung (thing)	hung	hanging	colgar
hang	hanged (person)	hanged	hanging	ahorcar
hear	heard	heard	hearing	oír
hide	hid	hidden	hiding	esconder
hurt	hurt	hurt	hurting	hacerle daño a / doler
keep	kept	kept	keeping	guardar
know	knew	known	knowing	saber / conocer
lay	laid	laid	laying	poner
lead	led	led	leading	conducir / guiar
leave	left	left	leaving	dejar

infinitivo / *infinitive*	pretérito / *past*	participio pasado / *past participle*	participio presente / *present participle*	significado / *meaning*
let	let	let	letting	permitir
lie	lay	lain	lying	echarse
lose	lost	lost	losing	perder
make	made	made	making	hacer
mean	meant	meant	meaning	significar
meet	met	met	meeting	encontrar(se)
pay	paid	paid	paying	pagar
plead	pled	pled	pleading	suplicar
put	put	put	putting	poner
quit	quit	quit	quitting	dejar / cesar
read	read	read	reading	leer
ride	rode	ridden	riding	montar
ring	rung	rung	ringing	tocar
rise	rose	risen	rising	levantarse / subir
say	said	said	saying	decir
see	saw	seen	seeing	ver
seek	sought	sought	seeking	buscar
sell	sold	sold	selling	vender
send	sent	sent	sending	enviar
set	set	set	setting	ponerse / colocar
sew	sewed	sewn	sewing	coser
shake	shook	shaken	shaking	sacudir
shine	shone	shone	shining	lucir / brillar
shoot	shot	shot	shooting	disparar
show	showed	shown	showing	mostrar
shrink	shrank	shrunk	shrinking	encogerse
shut	shut	shut	shutting	cerrar
sing	sang	sung	singing	cantar
sit	sat	sat	sitting	sentarse
sleep	slept	slept	sleeping	dormir
slide	slid	slid	sliding	resbalar
speak	spoke	spoken	speaking	hablar
spend	spent	spent	spending	gastar
spring	sprang	sprung	spring	saltar / surgir
stand	stood	stood	standing	pararse / aguantar
steal	stole	stolen	stealing	robar
strike	struck	struck	striking	golpear
swear	swore	sworn	swearing	jurar
sweep	swept	swept	sweeping	barrer
swell	swelled	swollen	swelling	hinchar / aumentar
swim	swam	swum	swimming	nadar
swing	swung	swung	swinging	oscilar
take	took	taken	taking	tomar
teach	taught	taught	teaching	enseñar
tear	tore	torn	tearing	romper
tell	told	told	telling	contar
think	thought	thought	thinking	pensar
throw	threw	thrown	throwing	lanzar
wear	wore	worn	wearing	usar / llevar
weep	wept	wept	weeping	llorar
win	won	won	winning	ganar
wind	wound	wound	winding	envolver
write	wrote	written	writing	escribir

APÉNDICE II: Los verbos auxiliares/los verbos modales en inglés

¿QUÉ SON? Los auxiliares son verbos "que asisten". Pueden cambiar de tiempo, modo y hasta pueden alterar la impresión que causa el verbo principal.

¿QUÉ TIPOS HAY? Los principales verbos auxiliares son: *be* (ser/estar), *have* (haber) y *do* (hacer).

Los auxiliares modales incluyen verbos como: *can/could; may/might* (poder); *shall/will* (ir + a + infinitivo o futuro del verbo principal); *would* (condicional del verbo principal); *must, should* y *ought to* (tener + que + infinitivo, deber + infinitivo).

¿QUÉ FORMAS TIENEN? Los principales auxiliares tienen todas las formas que los otros verbos tienen.

Los modales son diferentes porque son los únicos verbos es inglés que no tienen una forma con "-s" para la tercera persona singular. Consideremos verbos comunes como *I write* (escribo), *he writes* (escribe). Las formas equivalentes de los auxiliares modales son: *I can* (puedo), *he can* (puede).

A veces se les llama "defectivos" a estos verbos porque carecen de formas para cada tiempo. Cuando esto ocurre, tiene que usarse una palabra diferente. Por ejemplo: *I can; I could* (puedo/podría) pero *I will be able* (voy a poder); *I must do something* (voy a tener que hacer algo), pero *yesterday I had to do it* (lo tuve que hacer ayer) o *I will have to do it tomorrow* (lo voy a tener que hacer mañana).

Los auxiliares modales no tienen ni infinitivos ni participios.

Preceden a los infinitivos (pero sin *to*), p. ej., *We **can** write* (Podemos escribir); *They **must** follow directions* (Ellos tienen que seguir las instrucciones); *I **may** ask about it* (Puedo preguntar acerca de eso); *You **should** try it* (Deberías probarlo).

En inglés estándar no se pueden usar dos verbos modales en una misma locución verbal.

¿QUÉ USOS TIENEN? Los principales verbos auxiliares se usan de las maneras siguientes:

El verbo *to be* (ser/estar) se utiliza:

1. con el participio (de) presente del verbo principal para formar los tiempos continuos (véase la pág. 93). Por ejemplo:

   *You **were reading**.* (Estaba/s leyendo.)
   *He **is coming** tomorrow.* (Llega mañana.)
   *She **will** (o **she'll**) **be visiting** us next week.* (Ella va a visitarnos la semana entrante.)

2. con el participio pasado para formar la voz pasiva (véase la pág. 121). Por ejemplo: *He **was confused** by the auxiliaries.* (Los verbos auxiliares lo confundieron.) *You **will** (o **You'll**) be helped by some examples.* (Algunos ejemplos le ayudarán a usted.) *The house **was built** in 1984.* (La casa fue construida en 1984.) *The letter **was written** some time ago.* (La carta fue escrita hace algún tiempo.)

3. para evitar repeticiones. *They **are not going** to the play, but **I am**.* (*going* se sobreentiende) (Ellos no van a jugar, pero yo sí.)

4. para crear énfasis. En este caso se hace hincapié en la forma del verbo *to be*. *They said that it **wasn't** a good idea, but it **IS**!* (Ellos dijeron que no era una buena idea, ¡pero lo ES!)

El verbo *to have* se utiliza:

1. con el participio pasado para formar los tiempos compuestos o perfectivos.

> *I **have** (o **I've**) **finished** the book.* (He terminado el libro.)
>
> *He **had** (o **He'd**) **arrived** before the meeting began.*
> Él había llegado antes de que la reunión comenzara.
>
> *They **will have** (o **they'll've**) **begun** the project before next week.*
> Ellos habrán comenzado el proyecto para la semana entrante.

2. para evitar repeticiones.

> *They **haven't** studied that yet, but we **have** (studied it).*
> Ellos no han estudiado eso todavía pero nosotros sí (lo hemos estudiado).

3. para crear énfasis; haciendo hincapié en él mismo.

> *You **haven't** tried that yet. Yes I **HAVE**!*
> No has probado eso todavía. ¡Pues sí que lo HE PROBADO! (en español repetimos el verbo)

El verbo *to do* se utiliza:

1. con el infinitivo (sin *to*) para formular preguntas en el presente o en el pasado.

> ***Do** you like adventure films?* (¿Te gustan las películas de aventuras?)
>
> ***Did** he know Juan last year?* (¿Conocía él a Juan el año pasado?)

2. para negar cosas en el presente o en el pasado.

> *They **do not** (o **don't**) play basketball.* (Ellos no juegan al baloncesto.)
>
> *We **did not** (o **didn't**) recognize her.* (Nosotros/as no la reconocimos.)

3. para evitar repeticiones.

> *He **does not** own a car, but we **do** (own one).*
> Él no tiene coche pero nosotros sí (tenemos uno).

NOTA: El verbo *do* (hacer) también tiene otra función: nos permite evitar repeticiones cuando respondemos a lo que dice otra persona.

> Tiene un uso afirmativo en los ejemplos que siguen:
>
> Afirmación: *I like to swim.* (Me gusta nadar.)
> Respuesta afirmativa: *I **do** too!* o *So **do** I!* (¡A mí también!)
>
> Si se quiere negar algo entonces se utilizan estas formas:
>
> Afirmación: *John never smokes.* (John nunca fuma.)
> Respuesta negativa: *His sister **doesn't** either.* o *Neither **does** his sister.*
>   (Su hermana tampoco.)

4. para crear énfasis.

> *I **do** want to go with you.* (Yo sí quiero ir contigo.)
>
> *We **did** try, but the job was too hard.* (Nosotros sí que tratamos, pero el trabajo era muy duro.)

También para ambas funciones: crear énfasis y evitar repeticiones. Se hace hincapié en la forma de *do* cuando el verbo tiene doble función:

> *You **didn't** finish your work! Yes I **DID** (finish it)!*
> ¡Tú no terminaste tu trabajo! ¡Sí que LO TERMINÉ! (en español repetimos el verbo en su totalidad)

Los auxiliares modales se utilizan con el verbo principal para expresar posibilidad, autorización u obligación.

Estos verbos y otras partes de la oración que expresan las mismas actitudes, como los adverbios *possibly* (posiblemente), *probably* (probablemente) y *perhaps* (quizá), además de adjetivos como *possible* (posible) y *necessary* (necesario), ayudan a expresar la idea de que no hablamos de un simple hecho sino que más bien queremos afirmar nuestros sentimientos y nuestra opinión acerca de ese hecho.

En inglés estas formas se usan muchísimo. Ésta es una de las razones por las cuales el modo subjuntivo (pág. 125) no se necesita tanto como en español.

NOTA: Es posible usar un mismo verbo en más de una de las categorías siguientes:

1. Algunos verbos modales *(may, might, must, ought to)* dan una opinión acerca de la probabilidad de que algo sea cierto o posible.

> *I **may** (possibly) see you tomorrow (or I may not).*
> Tal vez pueda verte mañana (pero tal vez no).
>
> *We **might** be able to go to Spain (but we are not sure).*
> Pudiera ser que fuéramos a España (pero no estamos seguros).
>
> *They **must** have been crazy!*
> ¡Han tenido que estar locos!
>
> *The package **ought to** have come yesterday.* (Habría debido llegar ayer.)

2. Otro grupo de verbos modales expresan autorización u obligación.

> *You **may** come in now. (You have my permission to enter.)*
> Usted puede entrar ahora. (Usted tiene mi permiso para entrar.)
>
> ***May** I help you? (Would you like me to do that? Do I have your permission to do so?)*
> ¿Podría ayudarlo? (¿Le gustaría que lo ayudara? ¿Tengo su permiso para hacerlo?)
>
> ***Could** I borrow your book, please? (Would you give me your permission to borrow it?)*
> ¿Podría prestarme su libro, por favor? (¿Me permitiría pedírselo prestado?)
>
> ***Might** I have a drink of water? (Would it be possible to get one?)*
> ¿Podría darme un poco de agua? (¿Sería posible que usted me diera un poco?) Ésta es una manera muy cortés (formal) de pedir algo.
>
> *Luis **must** try harder.* (Luis tiene que hacer un mayor esfuerzo).
> *Luis **needs to** try harder.* (Luis necesita hacer un mayor esfuerzo).
> *Luis **ought to** try harder.* (Luis debería hacer un mayor esfuerzo).
> *Luis **should** try harder.* (Luis debiera hacer un mayor esfuerzo).

El significado de todas estas formas es el mismo: Luis tiene la obligación de hacer un mayor esfuerzo si quiere tener éxito. Las dos últimas oraciones (con *ought to* y *should*) indican que el hablante siente duda acerca de la posibilidad de que Luis haga este esfuerzo de verdad.

La expresión *to be supposed* + infinitivo que da la expresión "se supone que" en español, puede usarse para expresar simultáneamente obligación y duda acerca del resultado, por ejemplo:

> *They are to be here tonight. (I don't know if they will come.)*
> Se supone que estén aquí esta noche. (No sé si van a venir.)
>
> *She is supposed to be here now (but she isn't).*
> Se supone que ella esté aquí (pero no está).

NOTA: Según algunas gramáticas, la estructura "se supone + que" pide el subjuntivo. De acuerdo con otras, pide el indicativo.

La expresión *had better* + el infinitivo sin *to* implica obligación y una cierta amenaza: el que la obligación no se cumpla tendrá consecuencias:

They had better be here on time (or something bad will happen)!
Les conviene estar a tiempo aquí (o algo terrible va a ocurrir).

3. Un último grupo de verbos modales *(can, shall, will)* expresa la habilidad o deseo de hacer algo que tiene el sujeto de la oración.

*We **can** speak English.* (Podemos hablar inglés.)

*We **shall** prevent that at all costs. (We are determined that it will not happen.)*
Tendremos que prevenir eso a toda costa. (Estamos decididos a no dejarlo ocurrir.)

*He **will** be there no matter what happens. (He very much wants to be there; nothing will prevent him from going.)*
Él estará ahí pase lo que pase. (Nada va a impedir que él vaya.)

NOTA: Algunos insisten en distinguir el verbo *can* (habilidad) del verbo *may* (autorización). Esta distinción no es tan importante ahora como lo era antes. No obstante, si usted quiere causar una buena impresión, utilice *may* o *might* para pedir el permiso de hacer algo. ***May (or might)** I see that letter?* (¿Podría ver esa carta?)

CONTRASTES

En los ejemplos que siguen la forma del verbo modal en la segunda oración de cada grupo expresa mayor duda, menos probabilidad, y en el caso de una petición, más respeto o cortesía.

I can help you. (I am able to do that.)
Puedo ayudarlo. (Puedo hacerlo.)

Perhaps I could help you (but I am not sure).
Tal vez podría ayudarlo a usted (pero no estoy seguro).

Come in! (an order or invitation)
¡Entre! (una orden o una invitación)

Would you come in? (a more formal [polite] request)
¿Quisiera entrar? (una petición más formal)

They ought to have told you that (but probably they did not).
Debieron decírselo a usted (pero probablemente no se lo dijeron.)

We should have called you last night (but we did not).
Debimos llamarlo a usted anoche (pero no lo hicimos.)

APÉNDICE III: Verbos con partícula(s) o verbos preposicionales/adverbiales

¿QUÉ SON? Los verbos con partícula(s) o verbos preposicionales/adverbiales son verbos que tienen dos o tres partes y que a menudo tienen dos significados: uno figurado y otro literal.

¿Cómo se forman? Los verbos preposicionales/adverbiales se forman con:

1. un verbo y una preposición.

2. un verbo y un adverbio.

3. un verbo seguido por un adverbio y una preposición.

La mayoría de estos verbos se sirven de palabras comunes para expresar una idea que, dicha de otra manera, requeriría una palabra más rebuscada. ¡Qué suerte para evitar errores ortográficos!

A menudo encontrará verbos más específicos en la definición. Al aprenderlos progresivamente, podrá incorporarlos a su vocabulario en inglés.

Esta lista no incluye:

1. verbos que normalmente necesitan una preposición específica antes de su complemento, como ocurre también en español, p. ej. *to confuse with something else* (confundir con otra cosa) o *to consent to something* (consentir en algo).

2. expresiones formadas a partir de un verbo preposicional/adverbial que necesitan un sustantivo, un pronombre o un adjetivo para completar su significado, p. ej. *to be in the right* (tener razón). Estas expresiones deben aprenderse como expresiones idiomáticas.

3. verbos cuyos segundos elementos se usan literalmente. Por ejemplo, no encontrará *to look up* cuando significa literalmente "mirar hacia arriba".

4. términos técnicos.

Solamente los verbos más comunes se incluyen aquí, con sus equivalentes más idiomáticos, en otras palabras, cuando las palabras añadidas a un verbo básico le cambian totalmente su sentido, p. ej. *to look up (in a dictionary)* = buscar en un diccionario y *to look up to* = admirar o estimar.

Esta lista contiene solamente una pequeña parte de todos los verbos preposicionales/adverbiales que se usan en el inglés norteamericano y solamente algunos de sus significados idiomáticos más frecuentes. Para listas más exhaustivas de verbos preposicionales/adverbiales, se podrán consultar: el *Longman Dictionary of Phrasal Verbs* Essex (Inglaterra): Longman Group, Ltd., 1983 o el *Oxford Dictionary of Phrasal Verbs* Oxford: Oxford University Press, 1993. Estos libros se basan fundamentalmente en el inglés británico y no en el inglés norteamericano.

NOTA: s.o. = *someone* (alguien); s.t. = *something* (algo); opp. = *opposite* (lo opuesto)

inglés	definición	oración modelo	español
A			
to act as	to fill the role of	Will you act as my translator?	servir de
to act for	to do s.t. in the place of s.o.	His lawyer will act for him while he is gone.	actuar en lugar de
to act on	to do s.t. following advice or information	Get good advice, then act on it.	obrar sobre; tomar medidas
to act out	to perform, as in a play	Let's act out the story of Peter Rabbit.	hacer el papel de
to act up	to misbehave	When children get angry, they may start to act up.	portarse mal
to add on (to)	to increase with s.t. else	The teacher added on more work, which added to my problems.	aumentar; acrecentar
to add up	to make sense	He gave me a lot of facts about that, but they just didn't add up.	tener sentido
to agree with	to be of one opinion	I agree with Pedro about that.	estar de acuerdo
to aim at, for	to set a goal	I am aiming for a good job after school.	aspirar a
to aim at (2)	to point at	He aimed the gun at the target.	apuntar
to allow for	to consider, make provision for	We must allow for extra time on this project.	tomar precaución; tomar en consideración
to amount to	to succeed, reach a goal	You need a good education to amount to anything.	tener éxito
to answer back	to respond rudely	If s.o. criticizes Mary, she doesn't answer back.	replicar con insolencia
to answer for	to accept the consequences	Those who commit crimes must answer for them.	aceptar las consecuencias
to answer for (2)	to be responsible for	You will answer for that!	ser responsable por / de
to answer to	to obey	If the work isn't good, he must answer to the boss.	ser responsable ante
to ask about	to pose questions concerning s.o. or s.t.	He asked about the job.	hacer una pregunta de
to ask after	to inquire about s.o.	We asked after old Mr. Jones who had been sick.	preguntar por
to ask around	to make inquires of many people	I don't know a good garage, but I'll ask around.	investigar sobre
to ask back	to invite s.o. a second time	What a boring evening. We'll never ask the Millers back.	invitar otra vez
to ask for	to request	My book has missing pages. I'll ask for another one.	pedir
to ask for (2)	to run a risk of serious consequences	If Johnny misbehaves in Miss Peterson's class, he's asking for it!	buscarse algo
to ask in	to invite to come inside	We talked to Mrs. Johnson on the sidewalk, then we asked her in for some coffee.	invitar a entrar
to ask of	to expect, to make a request, to demand s.t. from s.o.	That's too much to ask of a three-year-old child!	exigir que
to ask out	to invite s.o. to go somewhere (on a date)	Jerry likes Alice. He's going to ask her out.	invitar a salir
to ask over	to invite s.o. to one's home	We asked our cousins over for my birthday party.	invitar a venir a su casa
B			
to back away	to avoid, retreat	He backed away from an argument with Bill.	evitar
to back down	to give up	John had such good reasons that his opponents backed down.	rendirse
to back into	to do s.t. by chance	She started as a sitter and backed into a good job as a nanny.	hallar por casualidad
to back out	to drive out of … backwards	She backed the car out of the garage.	dar marcha atrás
to back out (2)	to fail, refuse to do s.t.	He promised to go on the trip, but then he backed out.	negarse a / arrepentirse
to back up	to support	I told them it was true, and Ana backed me up.	justificar con pruebas
to be about	to concern	An important letter came, but I don't know what it is about.	tratar de
to be above	to be superior to (a standard)	My son is above cheating.	ser incapaz de (moralmente)
to be (go) after	to chase, want	That dog is after the cat again!	correr tras / querer
to be against	to be opposed to s.t.	George is not a good student; he's only after a good grade. Quakers are always against war.	resistir, oponerse a, estar en contra de
to be ahead of	to be more advanced than	Paul is ahead of the rest of the class.	estar más avanzado que
to be along	to come, go to the same place	You go to the library now. I'll be along in a minute.	llegar dentro de

inglés	definición	oración modelo	español
to be around	be near, available	I'll see you this evening if you're going to be around.	estar por ahí
to be back	to return	Don't cry, Jeannie. Your mother will be back soon.	volver; regresar
to be behind	to influence	What is behind this outbreak?	estar detrás de
to be behind (in)	to be slow, less advanced	Nancy is behind in her work.	estar atrasado en algo
to be beneath	to be inferior, dishonorable	Cheating is beneath you.	ser deshonesto
to be between	to concern, to involve	Don't interfere. That's between Ned and Jim.	ser asunto de
to be between (2)	to be a secret	This is just between you and me.	entre nosotros
to be beyond	to be impossible to do or understand	Why he likes her is beyond me.	no alcanzo a comprender
to be down	to be downstairs	Hello, Mrs. Allison, is Jean down yet?	haber bajado
to be down as	to be registered for a purpose	My mother is down as a volunteer.	estar inscrito
to be down on	to be opposed, to criticize	The boss is always down on Joe.	tenerle tirria a
to be down to	to be reduced to a level	We are down to our last dollar.	quedarle poco
to be down with	to be sick	Pete can't play. He's down with the flu.	estar enfermo
to be for	to have a purpose	This folder is for organizing my notes.	ser para
to be for (2)	to favor	Good! I'm all for that!	estar a favor de; ser partidario de
to be from	to originate, have one's home	I'm from New York.	ser de
to be in	to be at home, in one's office	Will you be in this evening? The doctor is not in, please wait.	estar [en casa]; no estar
to be in at	to be present	They want to be in at the finish.	estar allí cuando
to be in on	to be a part of, informed of	Is Bill in on the secret?	formar parte de; estar informado
to be in for	to be in danger of	If you get caught, you'll be in for trouble (in for it)!	llevarse algo / esperarle algo
to be in with	to be involved with s.o.	Her father worries that Jeff is in with a bad group.	formar parte
to be into	to be involved with, interested in s.t.	She loves Aida; she's into opera now.	interesarse por
to be left over	to remain	There was nothing left over when they had finished.	quedar
to be off (to)	to leave	It's five o'clock. I'm off!	irse
to be on	to operate	As soon as vacation starts, Jimmy will be off to camp.	estar encendido
to be onto	to understand	The television is always on at their house.	tener conciencia de
to be out	not at home (or work)	That won't happen again! I'm onto their tricks!	no estar en casa
to be out (2)	opp. of to be on	Mother is out now, why don't you phone her later.	apagarse
to be out (3)	to be unfashionable,	The fire (or lamp) is out.	estar fuera de moda
to be out (4)	to be impossible	Long skirts are out this year.	no ser posible
to be out (5)	to be discovered	I'm sorry, Buying a jaguar is out; they're too expensive.	salir a la luz; descubrirse
to be out of	not to have available	The truth is out.	no tener
to be over	to come to a place	We are (all) out of that item.	venir a su casa
to be over	to be finished	I'll be over (to your house) at 8.	terminarse
to be through (with)	to be finished, completed	What time will the game be over?	terminar
to be up	not to be in bed	Are you through with your work?	no querer verse más
to be up (2)	to happen	I used to like Ted, but now we're through!	estar levantado
to be up against	to meet an obstacle	She is up every night until 10 o'clock.	pasar
to be up for	to be a candidate for s.t.	Everyone looks so happy! What's up?	hacer frente a
to be up in	to be knowledgeable about	He's up against real competition!	ser candidato
to be up to	to be capable of	Pat is up for president at school.	saber mucho de
to be up to (2)	to be responsible of s.o.	Marcia is really up in current events.	tener la facultad de hacerlo
to be up to (3)	to be on a level with	We gave the job to Helen, because we think she's up to it.	depender de
to bear out	to prove (substantiate)	It's up to them to get the job done right.	estar a la altura de
to bear up	to withstand	His performance is not up to hers.	corroborar
to bear with	to be patient	The facts bear out his story.	resistir
to beat back (or off)	to repel	They bore up well under the questioning.	tener la bondad de esperar
to beat out	to win an advantage	Bear with me a minute and you will understand.	repeler
		The soldiers beat back the rebel attack.	ganarle a
		Our product is better, and beat out the competition.	

inglés	definición	oración modelo	español
to become of	to happen to s.o. or s.t.	Whatever became of Jimmy Hoffa?	ser de (la vida de)
to beg off	to ask to be excused	I said I'd help, but I'll have to beg off.	disculparse
to begin with	to do first	To begin with, you didn't think before you spoke.	para empezar
to begin with (2)	to have as a starting point	Do five problems, beginning with #15.	empezar con
to believe in	to have confidence in	I believe in freedom for all.	ser partidario de
to believe of	to have an opinion about	Who would have believed that of Ann?	pensar de
to blame for	to attribute guilt to	We blame others for our failures.	echar la culpa a
to blame on	to consider responsible	He tries to blame his mood on the weather.	echar la culpa de
to blow up	to expand,	I blew up the balloon.	inflar
	to explode,	The bomb blew up the car.	hacer estallar algo
	to exaggerate,	The report was too blown up.	exagerar
	to get very angry	When I saw that, I just blew up!	enojarse
to boil down to	to amount to	It all boiled down to his word against mine.	reducirse
to break away	to separate	In the wreck, the bumper broke away from the car.	soltarse; desprenderse
to break down	to fail to work	I'm late because my car broke down on my way to work.	descomponerse
to break off	to terminate	Elaine and Bob had a fight and broke off their engagement.	romper
to break up	to cause to disintegrate	They broke up the box for firewood.	romper
to break in (into)	to force an entry	The thief broke into the store.	entrar forzadamente
to break in (2)	to use s.t. until it functions well	My shoes hurt until they are broken in.	amoldar
to break out	to escape by force	Police are hunting the murderer who broke out of prison.	escaparse
to break with	to sever a relationship	He is always trying to break with tradition.	romper con; abandonar
to bring about	to cause s.t. to happen	The UN is trying to bring about world peace.	realizar; lograr
to bring along	to carry s.t. with one	Come to the party and bring your sister along.	traer consigo
to bring around	to change s.o.'s mind	Don't worry about Ron. He says "no" now, but we'll bring him around.	convencer
to bring back	to cause s.t. to exist again	Let's bring back old-fashioned good manners.	traer de vuelta
to bring in	to produce a profit	Our taxi business brings in $2000 a month.	rendir; producir
to bring off	to cause s.t. to succeed	The team brought off the victory in the last minute.	lograr hacer algo
to bring on	to cause	That crisis brought on a heart attack.	causar
to bring out	to introduce or produce	The company brought out its spring fashions.	presentar
to brush off	to refuse to deal with s.o. or s.t.	He brushed off my sister's question.	hacer caso omiso de
to brush up	to regain competence	I must brush up my math before I take physics.	refrescar los conocimientos de
to buck up	to become more optimistic or cheerful	I know it's been a hard semester, but do try to buck up.	animarse
to buckle down	to discipline oneself	Buckle down and get this work done.	dedicarse con empeño
to buckle under	to yield	He tried to resist their demands, but finally he had to buckle under.	darse por vencido
to build up	to increase	I have a good start; now I must build up the business.	aumentar
to build upon	to develop from a basis	You have a basic knowledge; now build on it.	aumentar
to burn out	to lose interest	Too many older people don't try any more. They're burned out.	no interesarse más
to burn up	to become very angry	What he did really burned me up.	enojar
to burst in on	to enter violently and interrupt s.o.	The police burst in on the dealers while they were counting the money.	irrumpir en
to burst out	to begin suddenly to do s.t.	She was so happy she burst out laughing.	echarse / ponerse a
to burst with	to be (very) filled with an emotion	I could just burst with pride!	rebosar de
to buy into	to invest in	If I can get $1000, I'll buy into that business.	comprar acciones de una empresa
to buy off	to give money to cause s.o. not to do s.t.	The witness wouldn't testify. Someone must have bought him off.	sobornar
to buy out	to purchase others' shares	He bought out all of his competitors.	comprar la parte de
to buy up	to purchase a large amount of	They bought up all the available copies of that book.	acaparar

inglés	definición	oración modelo	español
C			
to call at	to stop briefly at s.o.'s home or business	He called at my home yesterday.	pasar por
to call away	to cause s.o. to leave	He was called away suddenly on business.	ausentarse
to call back	to return a visit, phone call	I'm fixing dinner now, please call back.	volver a llamar
to call down	to criticize s.o.	The boss called him down for constant tardiness.	regañar; reñir
to call for	to come to get s.t. or s.o.	He called for me, but I wasn't ready.	ir a ver
to call off	to cancel	The game was called off because of rain.	cancelar
to call on	to pay a (brief) visit to	We must call on Mrs. Smith soon.	ir a ver
to call together	to assemble	They called the members together to discuss the problem.	reunir; convocar
to call up	to telephone s.o.	Why don't you call me up this evening.	telefonear
to call up (2)	to cause s.o. to remember	That song calls up good memories.	hacer recordar
to care about	to have positive feelings for s.o. or s.t.	Jenny really cares about Alan.	preocuparse por
to care for	to like and / or find important	He doesn't care for spicy food. He cares only for money.	gustar
to care for (2)	to work / be responsible for s.o. or s.t.	They are caring for their grandmother.	cuidar; mantener; estar mantenido
to carry away	to cause great enthusiasm	This house doesn't look cared for. It's not a bad idea but don't get carried away.	no entusiasmarse
to carry forward	to make progress on	Dan took Joe's idea and carried it forward.	llevar adelante
to carry off	to be successful in s.t.	What a good job! We didn't really think you could carry it off.	llevar a cabo
to carry on	to respond (very) emotionally	I know it's sad, but don't carry on like that.	ponerse mal
to carry on with	to continue	Don't stop for me; just carry on with what you were doing.	continuar
to carry over (to/into)	to have a continuing effect	The debt carried over to this year. Disappointment in school carries over into your home life.	acumularse
			continuar
to cast about	to look for possible solutions	She cast about in her mind for a way to do it.	tratar de buscar
to cast off	to abandon	Jerry has to wear his brother's cast off clothes.	desechar
to catch on	to understand	When Miss Miller explained it, the class caught on.	comprender; captar el sentido
to catch on (2)	to become popular	The Ford Edsel never caught on.	hacerse muy popular
to catch up	to become equal to another's level	I missed some classes, but I'm caught up now.	ponerse al día
to check back	to consult old records	I checked back to last year's expenses.	verificar
to check back (2)	to return to verify	The order may come tomorrow. Do check back.	volver a verificar
to check in	to register (hotel or airport)	You may not check in before 3 o'clock.	registrarse
to check off	to mark s.t. as complete	I finished. We can check that off our list.	tachar
to check on	to look and verify	Please check on the baby every half hour.	darle un vistazo a
to check out	to examine or approve	Check out the situation before you travel there.	investigar
to check out (2)	(opp. of check in) to pay the bill and leave a hotel room	By what time must we check out?	dejar
to check over	to inspect to see if s.t. is right	Check over your work before you quit.	verificar
to check up (on)	to ask questions about s.o. or s.t.	I don't like your always checking up on me.	ocuparse de
to clear away	to remove	Clear the dishes away so that we can play cards.	quitar
to clear of	to take away	Joe feels better now that he has been cleared of suspicion.	fuera de sospecha
to clear out	to leave, or cause to clear	Clear out! Let the little children use the swings.	salir
to clear out (2)	to remove	We'll clear out our closet for spring.	vaciar
to clear up	to become good weather again	After the storm, it cleared up.	despejarse
to clear up (2)	to make understandable	That fact clears up the problem for me.	aclarar
to close down	to cease activity	The movie theater in town has closed down.	cerrar definitivamente
to close up	to fasten, block, or enclose	Close up the box so that nothing will be lost.	cerrar
to comb for	to search carefully looking for s.t.	We combed the beach for shells.	registrar detalladamente
to come about	to happen	What circumstances caused that to come about?	pasar
to come across	to be understood	I tried and tried, but I wasn't coming across.	ser comprendido
to come across (2)	to find by chance	Looking at some old things, I came across	hallar por casualidad

inglés	definición	oración modelo	español
to come across as	to seem to be	He came across as friendly, but I'm suspicious.	parecer
to come along	to accompany	Every time we go out, little Ted wants to come along.	venir con
to come apart	to break or fall to pieces	It wasn't well made. It just came apart.	separarse; desunirse
to come between	to separate	Their opinions on animal rights come between us.	interponerse entre
to come by	to visit casually	Come by some day, and I'll show you the picture.	hacer una visita
to come by (2)	to receive	How did he come by all that money?	heredar; recibir
to come down to	to be basically	All his arguments come down to self-interest.	reducirse a
to come down on	to condemn	His parents come down hard on him when he fails.	reprochar
to come down with	to fall victim to	She's come down with the flu again!	caer enfermo con
to come forward	to volunteer	When we had an accident, no one came forward to help.	ofrecerse voluntariamente
to come in	to be important	Here is where the need for accuracy comes in.	ser importante
to come in for	to be the target of	He came in for criticism when the business failed.	recibir
to come into	to receive	He came into money when his bachelor uncle died.	heredar
to come near to	to be close to doing s.t.	He came near to dying in the accident.	faltar poco para
to come of	to result	What will come of all this fighting?	resultar
to come off	to succeed	I never thought we could get the performance to come off.	salir bien
to come out	to result	Tell me how the attempt comes out.	resultar
to come across / over	to be understood	How did his jokes come across? They came over well.	ser comprensible
to come to	regain consciousness	Betty did faint, but she came to quickly.	recobrar los sentidos
to come to (2)	to become, result	So, it has come to this! We can never be friends again.	llegar a
to come under	to be focused on	The tank came under fire. It came under scrutiny.	caer bajo / estar sometido a
to come up	to be discussed	When did that idea come up?	ser mencionado
to come up for	to be considered	He'll soon come up for promotion.	ser ascendido
to come up with	to have an idea	Anne came up with a really good plan.	sugerir, proponer, inventar
to come (fall) within	to be included	That does not come within my area of specialization.	estar dentro de
to count as	to include in a category	This counts as part of your regular work.	formar parte de
to count down	to mark progress toward a time	They are counting down toward lift-off.	contar al revés
to count for	to be worth	Participation counts for a large part of your grade.	valer para
to count (up)on	to depend upon	The team is counting on you to score well today.	contar con, confiar en
to cover up	to conceal	They are trying to cover up their failure to do the right thing.	disimular
to cut across	to take a shorter route over	We cut across a field and saved 10 minutes.	cortar por
to cut away	to remove s.t. from s.t.	We cut away the cracked branches.	talar, tronchar
to cut back	to reduce or shorten	Sales are down. We must cut back on hours.	reducir
to cut down on	to lower	We must cut down on expenses or get a second job.	reducir
to cut in (ahead of)	to step in front of s.o. in a line	We cut in ahead of 15 people.	colarse

D

inglés	definición	oración modelo	español
to dawn on	to realize, become aware	It dawned on me why I've had trouble with this problem.	caer en cuenta
to deal with	to work or have a relationship with	I can't deal with unreasonable people.	tratar con
to depart from	to do differently	Let's depart from our usual way and have a speaker first.	desviarse, apartarse
to die away	to fade (away) and disappear	The last notes of the song died away.	apagarse
to die back	to have new shoots of a plant die while the plant itself stays alive	Trees die back in the fall.	deshojarse
to die down	to grow weaker	When the noise died down, the speaker got up to talk.	disminuir / apagarse
to die for	to be very eager for	It's so hot. I'm dying for a cold drink.	morirse (por tomar)
to die of	to perish because of	The old often die of pneumonia.	morir de
to die off	to disappear	All of the dinosaurs died off aeons ago.	desaparecer
to die out	to cease gradually to exist	Many species are dying out from pollution.	extinguirse
to do about	to take action	What can we do about pollution?	hacer con respecto a
to do away with	to remove permanently	Should we do away with the old customs?	abolir
to do for	to act in behalf of s.o. or s.t.	What can I do for you? for the neighborhood?	ser útil; servirle; prestar asistencia

inglés	definición	oración modelo	español
to do for	to help	This school has done a lot for me.	servirle
to do in	to ruin	Chain stores can do in family businesses.	arruinar
to do out of	to cheat	The new machines did workers out of a job.	costar; hacer perder
to do over	to remodel	The house is beautiful after it was done over.	reconstruir
to do without	to manage despite a lack	If we can't get new clothes, we'll do without.	arreglárselas
to drag out	to prolong	They dragged out the meeting for 2 hours.	no acabar nunca
to drag up	to mention unnecessarily	He always drags up his old complaints.	mencionar
to draw back	to move away	The crowd drew back from the horrible sight.	echarse para atrás
to draw from	to obtain from a supply	I can draw from my savings.	sacar; retirar
to draw in (to)	to involve	I was drawn into the argument in spite of myself.	implicarse
to draw near	to approach	Christmas is drawing near.	venir pronto; acercarse
to draw (up) on	to base on	He succeeds because he can draw on previous experience.	contar con
to draw out	to remove	The magician drew a rabbit out of the hat.	sacar
to draw out (2)	to make longer	Approving this new policy was a long, drawn out process.	prolongar / alargar
to draw to	to attract	The singer drew many fans to the concert.	atraer
to draw up	to formulate	They will draw up a plan by tomorrow.	redactar; preparar
to dream up	to invent, imagine	Who dreamed up that scheme?	inventar
to dress up	to beautify with clothes or decorations	You're all dressed up today!	vestirse de etiqueta / bien
to drive at	to intend, mean	I couldn't understand what he was driving at.	querer decir
to drive away	to discourage	The cost drove away the customers.	alejar
to drive to	to force s.o. to a place or state	That child will drive me to distraction.	llevar a
to drive up	to arrive	The taxi drove up to the hotel door.	llegar
to drive up (2)	to increase	The renovation of the hotel drove up the prices.	hacer subir
to drop in (over)	to visit briefly	Why don't you drop in sometime and we'll talk.	pasar por la casa
to drop off	to leave s.t. or s.o.	Can you drop the tickets off at my house?	dejar al pasar
to drop out	to quit	They dropped out of school (the labor market).	abandonar
to dry off	to make or become dry	Dry off well after your shower	secarse
to dry out	to become too dry	We can't use this bread, it's all dried out.	estar completamente seco
to dry up	to evaporate	The lake has dried up.	agotarse
to dwell (up)on	to think or talk too much about	Please don't dwell on that subject.	detenerse en

E

inglés	definición	oración modelo	español
to ease (let) up	to make easier, less rigid	We eased up on the restrictions.	bajar, relajar
	to slacken	The rain eased up.	disminuir
to eat away (at)	to erode	Rot is eating away at the foundations.	corroer
to eat in	to eat at home, not out (in a restaurant, or at a friend's)	We usually eat in during the week.	cenar en casa
to eat into	to damage or diminish a supply	Car repairs eat into my savings.	hacer gastar
to eat up	to finish	Let's eat up this roast. You don't want leftovers tomorrow.	comérselo todo
to end up	finally to arrive (by chance)	We started for Nebraska, but ended up in Kansas.	ir a parar
to end up (by)	finally to do, become s.t.	He ended up a success (or by succeeding).	acabar por

F

inglés	definición	oración modelo	español
to face down	to defeat by word or gesture	The debater easily faced down his opponent.	hacerle frente a, vencer
to face up to	to accept bravely	You must face up to the fact that this is very difficult.	enfrentarse a
to fall back on	to rely	In desperation, Sue fell back on gestures.	contar con
to fall down on	to disappoint, fail	Bob tends to fall down on the job.	fallar
to fall for	to be attracted,	Helen is so pretty that all the boys fall for her.	enamorarse de

inglés	definición	oración modelo	español
to fall for	to believe (wrongly)	Don't fall for that old trick.	tragarse
to fall off	to diminish	Our sales fell off during the recession.	disminuir
to fall (up)on	to attack	The wolves fell on their prey and devoured it.	caer sobre
to fall out	to have a disagreement	They were good friends, then they fell out.	reñir
to fall through	to fail to be realized	We had wonderful plans, but they fell through.	no concretarse
to feel about	to have an impression	How do you feel about the new program?	pensar de
to feel for	to have sympathy for	What bad luck. I really feel for you.	compadecer
to feel like	to want	I feel like an ice cream cone.	tener ganas de
to feel up to	to think oneself capable of	I don't feel up to a ten-mile hike today.	sentirse con ánimos para
to fend for	to provide, protect	Everyone must fend for himself.	valerse por sí mismo
to fend off	to repel advances	Can we fend off the disaster?	parar, resistir
to fill in	to complete	Fill in the blanks on this test.	completar
to fill out	to add what is necessary	Please fill out this job application form.	completar
to fill up	to make full	Do fill up this glass with coke.	llenar
to find out	to discover	How can I find out his address?	enterarse de
to fit in	seem to belong	I'm happy you fit in so well in your new school.	estar en su ambiente
to fit in (2)	to make place for	I'm too busy today, but we can fit that in tomorrow	tener tiempo para
to fly at	to attack	When she realized what had happened, she flew at the culprit.	lanzarse sobre
to fly by	to move quickly past	The days just seem to fly by.	irse volando
to follow on	to come after (often as a result)	Disaster followed on their poor beginning.	seguir a
to follow through (on)	to bring to a good conclusion	Now follow through on this idea!	continuar; llevar a cabo
to follow up	to pursue s.t.	You have a good start! Follow up on your leads.	continuar

G

inglés	definición	oración modelo	español
to get about (around)	to move freely	Mr. Jones is old; he doesn't get about much.	no andar frecuentemente
to get across	to communicate	This picture may help get my point across.	hacer comprender
to get after	to pursue, scold	Their mother should get after those children!	regañar
to get ahead	to succeed	Hard work is necessary if you want to get ahead.	tener éxito
to get along	to succeed (barely)	I don't know how I can get along without him.	pasar sin
to get along with	to relate well	John can't seem to get along with Ted.	llevarse bien con
to get around	to be able to move about	Henry certainly seems to get around.	desplazarse
to get around to	to find time for	It isn't ready, I haven't got around to it yet.	encontrar tiempo para
to get at	to be able to reach	That's in the corner of my closet. I can't get at it.	alcanzar
to get at (2)	to begin	I'd like you to get at your homework right after school.	atacar, comenzar
to get at (3)	to suggest	You said that, but I don't know what you're getting at.	querer decir
to get away with	to do s.t. without bad consequences	You can't get away with doing that!	conseguir
to get back at	to take revenge	I'll get back at him for hurting my brother.	vengarse de
to get back to	to return to one's place	Let's get back to the original question.	volver a
to get beyond	to make progress	Let's try to get beyond petty bickering.	poner fin a
to get by	to succeed (barely) with	If I can't get a better job, I'll get by with just my paper route.	arreglárselas con
to get by (2)	to avoid the notice of	Careless work will never get by Mr. Nelson.	ser aceptado
to get by with	to succeed	You can't get by with 4 hours sleep a night.	tener éxito
to get down to	to settle	It's best to get down to work in study hall.	empezar a; ponerse a
to get in on	to become a part of	Hey, can I get in on the joke?	enterarse de
to get into	to take an interest / part	I want to get into medicine.	interesarse por / entrar en una profesión
to get on with	to continue	We've had our break, now let's get on with the work.	volver a
to get out of	to be freed of responsibility	I'll go if I can get out of babysitting.	librarse de
to get over	to recover	Has he got over his cold yet?	recuperarse de
to get through (with)	to finish, to complete	It's hard, but I'll get through algebra this time.	terminar, acabar con
		Have they got through with the lesson on phrasal verbs yet?	
to get to	to attain a place / goal	We haven't gotten to the subjunctive.	empezar
to get up	to arise	I always get up by 6 o'clock.	levantarse

inglés	definición	oración modelo	español
to get up to	to progress to	That book is hard. I got up only to page 25.	llegar hasta
to get up to (2)	to do (mischief)	What have you gotten up to this time!	hacer travesuras
to give away	to give s.t. to s.o.	I'm going to give away all my old tapes.	deshacer(se)
to give away (2)	to betray	Don't give away the secret.	revelar
to give in	to agree reluctantly	OK, I give in. We'll go to the movie you want to see.	darse por vencido
to give off	to emit	That old car gives off a lot of exhaust.	emitir
to give out	to distribute	The store is giving out coupons this week.	distribuir
to give out (2)	to make known	He gave out that there was terrible news.	dar a conocer
to give out (3)	to (come to an) end	The battery in my old car is ready to give out.	no funcionar
to give up	to admit defeat	The fight went on until one of the boys gave up.	darse por vencido
to go about	to start to do s.t.	How do I go about persuading Jim to do that?	emprender
to go abroad	to travel to a foreign country (esp. overseas)	It's my goal to go abroad.	viajar (irse) al extranjero
to go after	to pursue	When I want something, I go after it!	buscar
to go against	to oppose / be opposite	That goes against everything that I believe.	ir en contra de
to go ahead (with)	to advance	If you think you can do it, go ahead (with it).	seguir adelante con
to go along	to accompany	If you are going downtown, may I go along?	acompañar
to go along (with) (2)	to agree / cooperate	If he's convinced, I'll go along (with him, his idea).	estar de acuerdo
to go away	to leave / cease	"Rain, rain, go away. Come again some other day."	desaparecer
to go back on	to renege	He often goes back on his promises.	no cumplir
to go by	to pass	"As time goes by."	pasar
to go by (2)	to judge	If we go by appearances, they are quite rich.	juzgar
to go far	to succeed	That young woman will go far. She has talent.	hacer carrera
to go for	to strive	Decide on a goal and go for it!	esforzarse por triunfar
to go for (2)	to like / choose	I'll go for the original painting.	escoger
to go for (3)	to be true	They want to leave. Does that go for you too?	ser válido para
to go in for	to be interested / participate in	Do they go in for basketball?	dedicarse a
to go into	to pursue / examine an interest	We want to go into the question further.	examinar
to go into (2)	to enter a field	They want to go into business.	empezar / emprender
to go off	to occur (successfully)	Our party went off very well.	salir bien
to go off (2)	to explode	The bomb went off at 6 p.m.	estallar
to go on (with)	to continue	I'm so discouraged, I just can't go on (with the project).	continuar
to go out with	to date	Jean went out with Charles for four years before they got married.	salir con
to go through with	to carry out	I'm afraid I can't go through with my plan.	realizar
to go together (with)	to match	That blouse doesn't go with your skirt.	no hacer juego
to go together (with) (2)	to date regularly	Are Jim and Betty going together?	ser novios
to go under	to fail	The business went under for lack of capital.	quebrar
to go without	to continue despite a lack	You can't go without eating!	pasarse sin
to grow back	to begin to grow again	Her hair grew back after the treatment.	crecer de nuevo
to grow on	to become more interesting	Modern art grows on you.	llegar a gustar

H

inglés	definición	oración modelo	español
to hand back	to return	I'll hand back your tests tomorrow.	devolver
to hand down (to)	to give (to s.o. younger)	My grandmother handed that necklace down to me.	dar
to hand in	to give (officially)	Hand in your homework now, please.	entregar
to hand on	to pass to the next person	Look at the picture, then hand it on.	pasar
to hand out	to distribute to a group	Mary, please hand out the worksheets to the class.	dar
to hand over	to give to another	We will hand over the authority to Captain Jacobs.	ceder

inglés	definición	oración modelo	español
to hang around	to waste time, to loaf	All he ever does after school is hang around.	haraganear
to hang back	to be slow or unwilling	Come and take your turn, don't hang back.	ser tímido
to hang on	to persist	I thought he'd quit, but he hung on.	persistir
to hang onto	to rely upon	She hung onto her faith in him when things went wrong.	tener confianza en
to hang out	to spend time uselessly	Where does the group hang out in the evening?	pasar el tiempo
to hang over	to pose a threat	The danger of recession is hanging over the country.	amenazar
to hang together	to stay unified	We have to hang together or we'll never succeed.	quedarse unidos
to have on	to wear	Do you like the dress that Tina has on?	llevar puesto
to have over	to invite s.o. to your home	We have the Redmans over often.	invitar
to head for	to start toward	We're heading for New York in June.	ir rumbo a
to head off	to turn aside	Can we head off another crisis?	prevenir
to head out	to start on a trip	The car is packed, let's head out!	irse
to head up	to lead	Joe will head up the planning committee.	dirigir
to hear of	to get a letter or call	Do you ever hear from your uncle?	saber algo de
to hear from	to get / have information about	I never heard of that author.	no conocer
to hear out	to listen to the end	Hear me out! Then you'll understand what I mean.	escuchar atentamente
to help out	to be of assistance	When someone is sick, Ann always tries to help out.	ayudar
to help to	to serve	May I help you to some more meat?	servir
to hit it off	to relate well	We just met, but we hit it off right away.	llevarse bien
to hold back	not to share	They held back vital information.	ocultar
to hold back (2)	to delay	The project was held back by absenteeism.	retrasar
to hold in	not to release	I held my anger in.	contenerse
to hold off (on)	to delay	The boss held off on his decision.	demorarse
to hold on	to persist	The citizens held on until help arrived.	persistir
to hold onto	to keep	They held onto their ideals despite temptations.	mantener
to hold out (for)	to refuse to agree / give in	Dan held out for a higher salary.	luchar por, insistir en
to hold out on	to conceal s.t.	Don't you know? or are you holding out on me?	esconder algo
to hold over	to use s.t. as a threat	He's holding my past over me (my head).	amenazar
to hold up	to delay	What can be holding up the completion of the building?	retrasar
to hold up (2)	to rob	Three people held up the bank.	robar, atracar
to hold up (3)	to last	That sofa was cheap, but it's holding up very well.	durar
to hold with	to believe in / approve of	I don't hold with his ideas.	estar de acuerdo con

J

inglés	definición	oración modelo	español
to jump at	to seize an opportunity	If we get a chance to do that, we'll jump at it.	aprovechar
to jump in	to be anxious to get involved	We just jumped in when we could.	emprender
to jump on	to hurry to criticize	Everyone jumped on Jim when he made a mistake.	criticar

K

inglés	definición	oración modelo	español
to keep after	to pursue	We must keep after Amy to do her homework.	recordar constantemente
to keep at	to work persistently	I'll keep at this job, and I'll finish it.	persistir
to keep from	to conceal s.t. from s.o.	We must keep the news from Mother.	ocultar
to keep off	to stay distant from	Keep off the grass!	(prohibido pisar)
to keep on	to continue	Why do you keep on doing that? It's ridiculous.	continuar
to keep out of	to avoid	Try to keep out of trouble.	evitar
to keep up (with)	to continue at a good level	I'm keeping up with my music.	continuar

inglés	definición	oración modelo	español
L			
to land in	to get into	You're going to land in trouble if you do that.	meterse en líos
to land on	to criticize, blame	The teacher really landed on him for that.	echar la culpa a
to lash out at	to attack (usually verbally)	He was angry at himself, but he lashed out at everyone else.	estallar de ira
to laugh away/off	to dismiss by laughing	They laughed off possible problems.	tomar a risa / broma
to lay away	to put s.t. aside for later	The squirrel lays away nuts for the winter.	enterrar / guardar
to lay in	to create a supply	I'm laying in coffee before the price goes up.	acumular
to lay into	to attack (blows or words)	They laid into Tom because it was his fault.	regañar
to lay off	to fire s.o. from work	The factory is laying off workers.	despedir a empleados
to lay out	to spread s.t. out to be seen	The editor lays out the paper.	preparar
to lay over	to make a stop on a trip	We'll lay over in Denver on the way to California.	pararse, hacer escala
to lean on	to depend on	Children need to be able to lean on their parents.	confiar en
to lean to(ward)	to tend to believe	I'm leaning toward a more liberal point of view.	inclinarse hacia
to leap into	to start s.t. (too) quickly	He leaps into the argument before thinking.	saltar
to leave at	to stop	Let's just leave it at that! (Let's not discuss it anymore.)	dejar
to leave out of	to omit	Just leave Jenny out of this!	dejar
let by / past	permit to proceed	Move over, John, and let Caroline past.	dejar pasar
to let down	to disappoint	The news is bad; I'll try to let you down easily.	decepcionar, desilusionar
to let in on	to share a secret / scheme	I can let you in on a really good deal.	dar a conocer
to let in for	to involve	Doing that could let you in for trouble.	meterse en líos
to let off	to forgive	I'll let you off this time, but be more careful!	perdonar
to let out	to dismiss	School will let out early this afternoon.	dejar salir
to let out (2)	to enlarge	She had to let out her dress.	ensanchar
to let up	to ease	Look, the rain is letting up!	disminuirse
to lie around	to be lazy, waste time	Their mother is overworked, and they lie around!	holgazanear
to lie ahead	what will probably happen	Who knows what problems lie ahead?	ir a pasar
to lie down on	to fail to do s.t.	He was fired because he lay down on the job.	dejar de
to lie low	to make oneself inconspicuous	When there's trouble, they lie low.	esconderse temporalmente
to live it up	to have a good time	When they get good news, they like to live it up.	pasárselo bien
to live off	to exist with the help of s.t.	Pioneers lived off the land.	vivir de
to live through	to survive	I thought I'd never live through that week!	sobrevivir
to live up to	to meet an ideal	Can I ever live up to my sister's reputation?	actuar en conformidad con
to look about / around	to look in several places and ask questions before deciding	I'll look around and see if I can find what you need.	buscar
to look after	to care for	I make money for college by looking after the neighbors' child.	cuidar
to look on	to be a spectator	I wasn't part of the fight; I just looked on.	ser espectador
to look ahead	to be aware of / plan for the future	Look ahead to avoid mistakes today.	mirar hacia el futuro
to look at	to consider	Will you look at my paper before I give it to the teacher?	echar un vistazo a
to look back	to think about the past	You don't make progress by only looking back.	recordar el pasado
to look beyond	to imagine the next step	Try to look beyond the immediate problem.	mirar hacia el futuro
to look down on	to scorn	You shouldn't look down on others.	despreciar
to look for	to seek	This is too easy. We are looking for a real challenge.	buscar
to look forward	to await eagerly	I'm looking forward to the dance this weekend.	esperar ansiosamente
to look into	to investigate	The police are looking into the robbery.	investigar
to look out	to pay attention / take precautions	Look out for that car!	tener cuidado con
to look over	to examine	Would you look over this paper and see if it makes sense?	echar un vistazo a
to look through	to examine quickly	Look through this book for the picture.	hojear
to look to	to depend on	We look to Bill and Sarah for leadership.	depender de

inglés	definición	oración modelo	español
M			
to make away with	to escape with s.t.	Who made away with the last cookie?	irse con
to make for	to head toward	When the rain started they made for shelter.	ir hacia
to make into	to change s.t.	We'll make these shells into candy dishes for gifts.	convertir en
to make of	to use a material for	What is this statue made of?	estar hecho de
to make of (2)	to understand / interpret	What do you make of this request?	comprender
to make off with	to steal	A dog made off with the hot dogs I was grilling.	llevárselo
to make out	to understand with difficulty	Can you make out the second word?	lograr descifrar
to make over	to alter / change	The dress is old, but I can make it over.	arreglar
to make up	to invent	If you don't know the answer, don't make one up.	inventar
to make up (2)	to compose / arrange	Make up a bouquet.	arreglar
to make up (3)	to create / assemble	Make up an order.	hacer
to make up (4)	to prepare	Make up a package.	preparar
to make up (5)	to compensate	I was absent, so I have to make up the work.	ocuparse de nuevo, compensar
to move in on	to take / share s.o.'s place without permission	I don't like his moving in on my favorite study place (or my friend).	ocupar sin permiso
to move on	to continue	If everyone understands this point, we can move on.	seguir adelante
to move out	to leave a place (esp. home)	When Richard got married, he moved out.	mudarse
to move over	to shift position	Jane and I want to sit together, please move over.	moverse
to move toward	to make progress	We are moving toward an understanding.	llegar a
to move up	to go higher / esp. in rank	He is moving up in the company.	ascender
N			
to nail down	to be sure of	We need to nail down the exact date for the meeting.	estar seguro
to narrow down	to limit	There are too many possibilities, can't we narrow them down?	limitar, reducir
O			
to open up	to be willing to talk	If Jim would open up, we might be able to help him.	abrirse
to open up (2)	to become available	More opportunities open up every day.	abrirse
to own (up) (to)	to admit	I knew Jerry did it, and he finally owned up (to it).	confesar
P			
to pass along	to give to the next person	Please take one and pass them along.	pasar
to pass away	to die	She passed away after a long illness.	fallecer
to pass down	to leave as an inheritance	My mother passed her rings on to me.	pasar
to pass for	to be mistaken for s.t. or s.o. else	Pat played so well, he could pass for a professional musician.	confundirse con
to pass on	to give up willingly	I passed on their offer.	dejar pasar
to pass on (2)	to give to the next person	He read the report and passed it on to me.	adelantar
to pass on (3)	to give approval to	The principal passed on our plan.	aprobar
to pass out	to lose consciousness	Were you underwater long enough to pass out?	desmayarse
to pass out (2)	to distribute	He passed out treats to the whole group.	distribuir
to pass up	to refuse a possibility	I had a chance to go to camp, but I passed it up.	dejar pasar
to pay back	to return or compensate	If you lend me a dollar, I can pay you back tomorrow.	devolver
to pay back (2)	to avenge	If anyone insults my sister, I'll pay them back!	vengarse de
to pay off	to complete payment	I can pay off my whole credit card bill next month.	pagar
to pay off (2)	to persuade with money	They paid off their workers and fired them.	pagar

inglés	definición	oración modelo	español
to pay off (3)	to bring rewards	That hard work paid off for Sue, she got a scholarship!	merecer la pena
to pay up	to pay all you owe	I can't wait for my money. Pay up!	pagar
to pick at	to eat in small bits	You swallow your hamburger, but pick at the peas.	picar
to pick at (2)	to bother	Don't pick at your little brother!	atormentar
to pick on	to select s.o. to blame / hurt	Joe is timid, so everyone picks on him.	abusar de
to pick out	to select from a group	Have you picked out a book for your report?	escoger
to pick over	to handle a group of things	The blouses on sale are all picked over.	estar inspeccionado
to pick up (on)	to understand through informal means	He picks up new words every day.	aprender
		They picked up right away on the fact that I was mad.	entender
to pin down	to make sure of	Can you pin down the real reason for her getting sick?	precisar
to pin on	to attach	The director pinned his hopes for a prize on the star actress.	poner sus esperanzas en
to pipe up	to respond suddenly	No one answered, then Jimmy piped up.	hablar de repente
to pitch in	to cooperate	When the Browns' wall collapsed, everyone pitched in to help.	dar una mano
to play against	to use s.o. to defeat another	He's playing one side against the other.	manipular a dos personas una contra la otra
to play around	to amuse oneself / waste time	Quit playing around and get down to work.	bromear
to play along	to agree with s.o.	If you want to suggest that idea, I'll play along.	cooperar
to play at	not to take s.t. seriously	Playing at being a business man is not enough.	fingir algo
to play down	to minimize the importance of	Everyone plays down his own faults.	minimizar
to play on	to base s.t. on s.t. else	The candidate played on the voters' suspicion.	aprovecharse de
to play out	to develop	The scene played itself out just as I had expected.	acabarse
to play to	to perform so as to please s.o.	He always played to his audience.	obrar por la aprobación pública
to play up	to emphasize	Ray played up fun and didn't mention all the hard work.	enfatizar
to point out	to call one's attention to	The teacher pointed out some errors in the book.	señalar
to point up	to illustrate clearly	Our failure points up the need for better planning.	indicar
to pull through	to recover (after an illness or ordeal)	We thought he was going to die, but he did pull through (or his physician pulled him through).	salir de / sacar de
to put away	to replace where s.t. belongs	Susie, put your toys away when you've finished playing.	volver a colocar
to put away (2)	to save	He put money away for the trip he dreamed of.	guardar
to put back	to return s.t. one has taken	Please put the book back where you found it.	volver a colocar
to put behind	to consider as forgotten	I've put the past behind me.	poner atrás
to put down	to humiliate	I felt put down by their condescending attitude.	humillar
to put down (2)	to set s.t. in writing	Be sure to put down all the hours you work.	consignar
to put in for	to request s.t. formally	I put in for 2 weeks vacation in July this year.	solicitar
to put off	to postpone	Never put off 'til tomorrow what you can do today.	aplazar
to put off (2)	to discourage	That book put her off romance novels forever.	quitar las ganas de
to put on	to dress oneself in	He put on a heavy coat, then he was too warm.	ponerse
to put out	to remove from a house or job	They were put out on the street.	echar fuera
to put out (2)	to annoy	I was extremely put out by her failure to inform us.	estar molesto
to put over on	to trick s.o.	Don't try to put anything over on Betsy. She's smart.	engañar
to put past	to think s.o. capable of s.t.	I wouldn't put it past Dan to have tried that.	no extrañarse de parte de
to put to	to present (an idea) to s.o.	I put it to Jane that her idea would not work.	sugerir
to put up	to tolerate	We should not have to put up with such behavior.	tolerar
to put up (2)	to build	Did you put up a new shed after your old one collapsed?	construir
to put up (3)	to provide lodging for s.o.	We put Jack up while he looked for a house.	alojar
to put up to	to suggest that s.o. do s.t.	Now who put you up to that trick?	incitar a
to put up with	to tolerate	How do you put up with their bad moods?	tolerar

inglés	definición	oración modelo	español
R			
to read into	to add interpretations to	You read too much into his friendly manner.	atribuir
to read up on	to learn about	I really must read up on computers.	leer acerca de
to reflect on	to think deeply about.	You need to reflect seriously on this question.	pensar sobre
to reflect on (2)	to bring credit / blame to	The children's manners reflect well/poorly on their parents.	decir mucho de
to rest on	to depend on	Success or failure rests on one person.	depender de
to rest with	to have responsibility for	The success of our plans rests with David.	depender de
to rise above	to surmount	They can rise above petty considerations.	sobreponerse a
to rise from	to improve a lower rank	He rose from clerk to president of the company.	ascender
to rise to	to be capable	You did it! I knew you could rise to the occasion (challenge).	ponerse a la altura de
to rise up	to revolt	The farmers rose up against unfair government controls.	levantarse contra
to round off	to use less specific numbers	It costs $1.996 each, but we round it off to $2.	redondear
to round off (2)	to bring to a conclusion	We rounded off the meal with homemade cake.	terminar
to rub in	to remind too often	If you make one mistake, he'll rub it in forever.	machacar / refregarle algo a alguien
to rub off on	to have an effect on	Will my brother's good habits rub off on me?	transmitirse
to rub up against	to touch constantly	Please move that table, it rubs up against my chair.	rozar contra
to rule on	to make a decision concerning	When will they rule on our request?	fallar a favor de alguien
to rule out	to eliminate a possibility	The teacher ruled out any extensions on this project.	decidir contra
to run across	to meet / discover by accident	Did you run across Mary in town?	encontrarse con
to run along	to leave	Run along, Bobby, I'm busy now.	irse
to run away	to escape (esp. home)	My brother ran away when he was six.	irse de casa
to run away with	to be without control	His imagination runs away with him.	ser excesivamente imaginativo
to run down	to knock down with a vehicle	As he was crossing the street a car ran him down.	atropellar
to run down (2)	to stop working	I wound up the toy, but it runs down too fast.	pararse
to run down (3)	to denigrate	He's always running his friends down.	denigrar
to run for	to compete for office	She's running for President of the Student Council.	presentar la candidatura para
to run high	to be greater than usual	Emotions ran high during the final game.	exaltarse
to run on	not to cease	Sue ran on and on about her boyfriend.	hablar sin parar
to run out of	to have a supply be exhausted	I was making a cake when I ran out of flour.	acabársele
to run over	to knock s.o. down with a vehicle	The dog was run over by that car.	atropellar
to run over (2)	to extend beyond a limit	The speaker ran over by ten minutes.	durar más de lo previsto
to run over (3)	to review briefly	Would you run over that process once again?	resumir, repasar
to run together	to merge	Memories of childhood all run together after a while.	unirse / confundirse
to run up	to increase	He ran up the costs of the project.	acumular
to run up against	to encounter an obstacle	He ran up against his friend's refusal.	tropezar con
S			
to sail through	to do without difficulty	I just sailed through the exam.	hacer sin dificultad
to see about	to arrange	I'll see about getting the money you need.	tomar medidas para
to see after	to take care of	Please see after our cat while we're on vacation.	atender / cuidar
to see ahead	to perceive the future	They'd be more careful if they could just see ahead.	ver el futuro
to see as	to perceive of in a certain way	I see you as a future leader.	imaginar
to see in	to allow / welcome inside	When you get to the house, just see yourself in.	dejar entrar / entrar
to see off	to give a formal leave-taking	We all saw Mary off when she left for college.	despedirse de
to see through	not to misunderstand	We see through your tricks! The answer is "no."	verle el juego
to see through (2)	to help to persist to the end	Trust Harry. He'll see you through.	ayudar a pasar por
to see to	to attend to	I'll see to ordering the food for the party.	ocuparse de
to seek out	to search diligently for	I need to seek out someone who can help with this.	andar en busca de
to sell off	to dispose of through selling	She sold off her record collection.	vender
to sell out	to sell s.t. completely	They sold out of the bargains early.	vender
to sell out (2)	to betray (for money)	How could a rebel sell out his government?	traicionar

inglés	definición	oración modelo	español
to send on	to get / transmit to s.o.	The chair will send this on to other committee members.	transmitir
to send out	to send to others	I'll send out a note to everyone who came to the rally.	enviar, diseminar
to serve as	to fulfill a function	The photo serves as a reminder to drive carefully.	servir de
to serve on	to work as a member	He served on the Board of Directors for years.	ser miembro de
to serve to	to perform the function	This will serve to remind you of the importance of careful preparation.	servir para
to serve under	to work in a lower rank	I was a private, serving under Capt. Black.	servir bajo
to set about	to prepare / begin	He set about collecting the materials he needs.	ponerse a
to set against	to incite s.o. to oppose	He set one brother against the other.	poner en contra de
to set apart	to separate because of differences	The genius often feels set apart.	separar
to set aside	to save / ignore	We set aside money for school. I set that plan aside for now.	guardar; dejar aparte
to set back	to cause delay	That latest expense set back our plans to buy a house.	atrasar
to set beside	to compare	Set this painting beside that one. Do you see the difference?	comparar con
to set down	to record	I have my requirements set down on this paper.	poner por escrito
to set forth (out)	to begin a trip	We set out full of hope; we soon came back.	empezar
to set in	to begin	He had a cold, then pneumonia set in.	comenzar
to set off	to cause an outburst	He set off fireworks. The bang set off loud laughter.	tirar; causar
to set on	to attack	They set the dogs on the prowler.	azuzar contra
to set up	to prepare	He set up a studio and is ready to paint.	abrir, montar
to shine at	to show oneself talented	He shines at spelling; arithmetic is hard.	sobresalir
to shine through	to be apparent	His intelligence shines through his every word.	mostrarse; ser evidente
to shoot for	to have as a goal	He is shooting for the honor roll this year.	aspirar a
to shout down	to defeat by volume	He proposed the idea but was shouted down.	hacer callar a gritos
to show for	to represent / validate	All that hard work, and we have nothing to show for it.	no sacar ningún beneficio
to show in	to greet / help to enter	The secretary will show the clients in.	hacer entrar
to show off	to display to get attention	I like to show off my collection.	mostrar
to show up	to arrive	That crying child is not hurt, he's just showing off.	lucirse
to show up (2)	to reveal	They finally showed up—two hours late.	llegar
to show up (3)	to show as inferior	Jane's lack of study showed up on the test.	ser evidente
to sign on	to become a part of	They bragged, but our performance showed them up.	ser mejor que
to sign over	to renounce s.t.	He signed on with another company.	ser contratado por
to sign up	to engage	The old man signed his house over to his children.	ceder
to sink in	to become intelligible	I signed up for the chess club.	anotarse
to sit around	to waste time	I think chemistry is finally sinking in.	ser comprendido
to sit back	not to participate	I'm not going to sit around here; I have things to do.	quedarse
to sit on	to delay / repress	I sat back at first, then I presented my plan.	esperar su turno
to sit on (2)	to participate / judge	John is sitting on the plans instead of presenting them.	retener
to sit out	not to participate	He sits on several committees. Judge White sat on that case.	ser miembro de
to sit up	to take sudden interest	I'm out of breath. I'll sit out this dance.	quedarse sentado
to sit up (2)	to stay awake late	A prize? That will make them all sit up and take notice.	prestar atención
		I have to get home. I don't want my mother to have to sit up past midnight.	quedarse levantado
to sit with	to remain with (care for) s.o.	Will you sit with your sick aunt?	cuidar de
to sleep in	to sleep longer than normal	Jenny loved to sleep in on Saturdays.	quedarse en la cama
to sleep on	to consider carefully	I can't decide. I'll have to sleep on it.	pensárselo
to sleep over	to visit overnight	Ann's friends are sleeping over here tonight.	pasar la noche en casa de
to sleep through	to miss s.t. while asleep	I slept through breakfast this morning.	quedarse dormido
to slip away	to leave gradually / quietly	Time is slipping away. She slipped away at 5:50.	escaparse; irse
to slip past	to escape notice	That mistake slipped right by the editor.	pasar inadvertido
to slip in	to insert s.t. almost unnoticed	He slipped a compliment into his critique.	introducir

inglés	definición	oración modelo	español
to slip up	to make a careless mistake	I really slipped up that time!	equivocarse
to smooth over	to lessen problems	I'm sure we can smooth things over.	limar asperezas
to snap out of	to recover quickly from	Please try to snap out of that mood.	cambiar de actitud
to snap to	to pay attention and begin work	Let's snap to and get this job done!	prestar atención
to snap up	to acquire quickly	He snapped up the last three copies of the book.	agarrar
to soak in	to become permeated with	He let the new idea soak in.	dejar penetrar
to squeak by	barely to be able to	With $100 a month it's hard even to squeak by.	subsistir
to squeak through	barely to pass a test	We squeaked through the qualifying exam.	aprobar apenas
to stand aside	not to participate	I'll stand aside and let someone else have the grant.	no participar
to stand back	not to participate / consider objectively	Stand back and look at the problem.	hacer une pausa
to stand behind	to support	Whatever happens, we'll stand behind you (or the plan).	defender, respaldar
to stand between	to prevent	Nothing stands between you and success.	privar
to stand by	to wait alertly/support	Three fire departments are standing by to help.	estar listo
to stand for	to represent/believe in	The blue in the flag stands for loyalty.	indicar
		What does that new political party stand for?	representar
to stand for (2)	to tolerate	We won't stand for that kind of behavior in our school.	tolerar, aguantar
to stand on	to act because of conviction	Joe will stand on the principle of fair play.	defender
to stand out	to be prominent	One pianist really stood out in the competition.	distinguirse, destacarse
to stand together	to be unified	If we stand together, we cannot lose.	unirse
to stand up for	to demand	We must stand up for the rights of the oppressed.	defender
to start in (on)	to make a beginning	We must start in on the first section now.	empezar, lanzarse a
to start out (for)	to begin a trip	We start out for New Orleans tomorrow.	salir
to start with	to use s.t. when beginning	We'll start with the easy part.	empezar
to step down	to resign	The president stepped down at the end of the year.	renunciar, demitir
to step forward	to volunteer	Henry stepped forward to see that the work was done.	ofrecerse voluntariamente
to stick out	to project	That tree limb is dangerous. It sticks out too far.	sobresalir
to stick to	to stay until s.t. is finished	Those who stick to their work will succeed.	persistir
to stick together	to remain loyal	If we stick together, all will be well.	mantenerse unidos
to stick up for	to demand	Stick up for your rights. No one else will.	defenderse
to stick with	to persist	Stick with the piano; you'll be glad you did.	no abandonar
to stir up	to cause to break out	Why is he here? to stir up trouble?	armar un lío
to stop at	to set a limit	He will stop at nothing to get what he wants.	estar dispuesto a hacer cualquier cosa
to stop by	to make a brief informal stay	Can you stop by the store on your way home?	pararse
to stop off	to visit one place on the way to another	Stop off at Ann's house before you come home.	pasar por
to swear by	to have faith in	Pat swears by this brand of soap, but I don't like it.	ser entusiasta
to swear in	to have s.o. take a formal oath	The President of the United States is sworn in in January.	prestar juramento
to swear off	to renounce	He intends to swear off drinking after last night.	renunciar a
to swear on	to call s.t. to witness	I'll swear on a stack of Bibles that I never saw her.	jurar
to swear to	to attest that s.t. is true	I'll swear to everything I've told you.	afirmar bajo juramento

T

inglés	definición	oración modelo	español
to take aback	to surprise	I was taken aback by his refusal.	sorprenderse
to take after	to resemble	He's a redhead; he takes after his mother.	parecerse a
to take along	to bring with	Will you take your little brother along to the park?	acompañar
to take apart	to separate into pieces	They'll have to take the engine apart to repair it.	desmontar
to take for	to define wrongly	What do you take me for? a fool?	tomar por
to take from	to borrow	We took our definition from that book.	copiar
to take in	to deceive	The ad took us in.	engañar
to take off	to leave	The car took off when the police arrived.	marcharse precipitadamente
to take off (2)	to ascend by plane	The plane took off without difficulty.	despegar
to take on	to assume	Brown took on extra work when I was ill.	asumir
to take out on	to vent anger	Don't take it out on me when you're unhappy.	desahogar con
to take over	to take control	Can you take over the job if s.o. is sick?	asumir la responsabilidad de

inglés	definición	oración modelo	español
to take up	to use	If I did that it would take up all my time.	ocupar
to take up (2)	to begin an interest in	Jan thinks she may take up knitting.	tener interés en
take up on	to accept	Bill wants to take you up on your offer.	aceptar
to take up with	to become friends	Joe has taken up with a bad group.	asociarse con
to talk back to	to answer rudely	Never talk back to the principal.	replicar con insolencia
to talk down to	to treat s.o. as an inferior	They always talk down to younger people.	hablar con altivez
to talk into	to persuade	How did he talk me into such a crazy idea?	persuadir
to talk out of	to persuade not to do	He talked me out of doing that.	disuadir
to talk over	to discuss	Don't do anything until we've talked it over!	discutir
to talk through	to help by givng directions	Can you talk me through this process?	explicar
to talk up	to promote by advertising	Ben talks up the value of the service club.	promocionar
to tear apart	to rip	He tore the box apart to get the present.	romper
to tear around	to move rapidly	The dog has torn around the house all day.	correr como un loco
to tear down	to demolish	They are tearing down that historic building.	demoler
to tear off	to remove	Tear off today's page from the calendar.	arrancar
to tell apart	to distinguish	No one can tell the twins apart.	distinguir entre
to tell by	to judge from	You can tell them by the color of their hat.	identificar
to tell off	to speak insultingly	If I see her, I'm going to tell her off!	poner en su lugar
to think ahead	to plan for the future	Don't decide until you think ahead.	pensar
to think back	to reflect on the past	Think back. Remember when you were eight?	acordarse de
to think out	to consider all sides	Think it out before deciding.	pensar bien
to think up	to invent	What new scheme have you thought up now?	inventar
to throw off	to get rid of	They will throw off the influence of the radicals.	desechar
to throw out	to dispose of	We threw the box out with the trash.	desechar
to throw together	to assemble in haste	We threw the picnic together in half an hour.	preparar apuradamente
to tie down	to limit	I won't be tied down to one date.	limitar
to tie in (with)	to be connected	How does this tie in with what we learned last week?	tener que ver con
to touch off	to start	The question touched off a debate.	provocar
to touch on	to mention briefly	The speech only touched on the main issue.	referirse a
to touch up	to make small repairs	We had to touch up the photograph.	retocar
to trade (in) for	to exchange for s.t.	I traded my bicycle in for a car.	cambiar algo por
to trade off	to exchange for s.t. equal	We offered to trade off lower rent for better service.	cambiar algo, trocar
to trade on	to get an advantage for	They trade on their good looks.	aprovecharse de
to treat as	to behave as though s.o. were . . .	Treat him as though he were important.	tratar
to treat for	to try to cure s.o. of	He is being treated for diabetes.	estar bajo tratamiento
to try on	to put on clothes to judge them	I never buy a dress without trying it on first.	probarse
to try out	to test s.t. new	Don't buy a computer without trying it out.	probar algo
to try out (2)	to accept a test	Will you try out for the play?	dar audición a
to tune out	not to pay attention	I tried to help Jimmy, but he just tunes me out.	no hacerle caso a alguien
to turn against	to oppose a former friend / ally	The children turned against their father.	enemistar con
to turn aside	to deflect	He turned aside inquiries on his health.	desviar
to turn away (from)	to ignore	How can you turn away from the needs of the children?	no prestar atención a
to turn away (2)	to refuse to admit	I found myself turned away at the door.	negar la entrada a
to turn back	to return to a former place / behavior	You made a wise choice; don't turn back.	cambiar de opinión
to turn down	to refuse	They turned John down for promotion again.	rechazar
to turn in	to denounce	The police hope that someone will turn the murderer in.	entregar a la policía
to turn in (2)	to submit	Please turn in your compositions as you leave.	entregar
to turn in (3)	to give to s.o.	Lost and found items should be turned in to the office.	presentar
to turn inside out	to reverse	Your sweater is turned inside out.	poner al revés
to turn into	to become transformed	In fairy tales, the frog turns into a handsome prince.	transformarse
to turn off	to extinguish	Turn off the lights when you leave, please.	apagar

inglés	definición	oración modelo	español
to turn off (2)	to leave a road	You must turn off I-94 on County Road 3.	desviar
to turn on	to begin functioning	We must turn on the radio.	poner la radio
to turn on (2)	to interest	Popular music can turn on the students.	exaltar, apasionar
to turn on (3)	to attack	The lion turned on its tamer.	volverse en contra de
to turn out	to produce	Our factory can turn out hundreds of those a day.	producir
to turn out (2)	to cause to cease	I turned out the lights before I left.	apagar
to turn out (3)	to assemble	Many people turned out for the rally.	asistir a
to turn out of	to force to leave	They were turned out of their house for not paying the rent.	obligar a desocupar
to turn over	to make changes	The administration of the company turned over.	cambiar
to turn to	to appeal for help	We turned to Mr. Grove when no one else would listen.	recurrir, acudir a
to turn to (2)	to change subject / activity	We turned to a discussion of baseball.	empezar a discutir
to turn upside down	to invert	The earthquake turned the flowerpot upside down.	invertir, voltear, poner boca abajo

U

inglés	definición	oración modelo	español
to use to	to employ for a purpose	We use electricity to run our machines.	usar para
to use up	to deplete a supply	We used up all the bread; there is none for dinner.	consumir, gastar

W

inglés	definición	oración modelo	español
to wait on	to serve	The maid waits on her mistress in the morning.	servir
to wait up	to remain awake	We waited up until 11:00, but they didn't come.	esperar sin acostarse
to walk into	to arrive in the midst of	I walked into a big argument at the Rivers.	caer en
to walk out on	to desert	Jill walked out on her family.	dar la espalda a / abandonar
to walk over	to ignore the rights of	Jim had let Jill walk all over him for years.	tratar como a un perro
to walk through	to rehearse	First we will walk through the procedure together.	ensayar
to want for	to be lacking	This family wants for the basic necessities.	carecer de
to want out	to wish to be released from	The job seemed good, but now I want out.	querer irse
to warm up	to be ready to function	Let the car warm up before you drive.	calentarse
to warm up (to)	to become more friendly	I'm glad Joan has warmed up to us.	ser más amistoso
to watch out	to pay attention	Watch out for the traffic here; it's dangerous	prestar atención
to watch over	to guard / care for	I need someone to watch over my little sister after school.	vigilar
to wear away	reduce through use / erosion	The sill of this old door is worn away.	deteriorarse
to wear off	to come away from a surface	The color is completely worn off this plate.	desaparecer
to wear out	to become useless through wear	Why do children's clothes wear out so fast?	gastarse
to wear (up)on	to tire	The constant noise wears on me.	cansarse
to weigh against	to compare	Let's weigh the value of these two ideas.	comparar
to weigh down	to burden	His problems are weighing him down.	sobrecargar
to weigh in	to contribute a viewpoint	Then Bill weighed in with his idea.	ofrecer una idea
to weigh on	to worry	Sally's problems are weighing heavily on her.	sobrecargar
to well up	to rise	Tears are welling up in her eyes.	manar
to wind down	to lose momentum	The discussion began to wind down at 5 o'clock.	perder impulso
to wind down (2)	to relax	You need time to wind down after a busy day.	calmarse
to work off	to remove through work	I'll work off my frustrations in the garden.	desahogar
to work on	to make progress with	I'll work on it tonight, but I can't finish.	trabajar en
to work out	to take exercise	He works out with the weights twice a week.	hacer gimnasia
to work out (2)	to resolve / to be resolved	Don't worry. Everything will work out well.	marchar bien
to work out (3)	to succeed	Lisa will work out well as my secretary.	tener buen éxito
to work toward	to try to reach a goal	We are working toward 100% participation.	aspirar a
to work up to	to strive for a goal	We swim 10 yards more every day; we're working up to a mile.	esforzarse por llegar
to write off (as)	to dismiss	He never came, so we've written him off as a candidate.	eliminar
to write out	to write fully	Write the answers out in complete sentences.	escribir

APÉNDICE IV: Sintaxis o el orden de las palabras en la oración

La sintaxis o el orden de las palabras en la oración es un tema de importancia en inglés. La sintaxis juega un papel muy importante en el proceso de comunicar lo que queremos decir y esto se debe en parte al hecho de que los adjetivos y los participios no tienen que concordar con la palabra que modifican en inglés.

Una oración está dividida en dos partes básicas: el sujeto y el predicado. Cada una de estas partes se rige por una serie de reglas particulares. Las reglas que presentamos aquí se aplican a la oración de manera global. Para encontrar las reglas que se aplican solamente a partes específicas de la oración hay que ver los capítulos que individualmente estudian esa parte de la oración. Aquí referiremos al lector a esas explicaciones más completas.

I. La oración declarativa

A. Con **verbos intransitivos** (los que no tienen complemento directo):

sujeto	**predicado**
pronombre	forma verbal
nombre	verbo compuesto
locución nominal	verbo modal + verbo principal

En los ejemplos que siguen puede escoger uno de los sujetos posibles y usarlo con cualesquiera de los predicados que se propongan.

He	*came.*	(Él vino.)
Pedro	*is coming.*	(Pedro va a venir, viene, vendrá.)
The President	*may come.*	(Quizá venga el Presidente.)

Los verbos que describen un estado de ánimo son también intransitivos.

sujeto	**predicado** (forma verbal + complemento [un nombre o adjetivo])
She	*seems nice.* (Ella parece simpática.)
Juana	*is Mexican.* (Juana es mexicana.)
The new girl	*is becoming an excellent student.*

La chica nueva se está volviendo una estudiante excelente.

B. **Los verbos transitivos** (los que tienen un complemento directo):

sujeto	**predicado** (forma verbal + complemento directo [un pronombre, nombre o locución nominal])
I	*saw him.* (Yo lo vi.)
Juan	*has seen María.* (Juan ha visto a María.)
My teacher	*can write some beautiful poems.*

Mi maestra puede escribir poemas preciosos.

II. La oración interrogativa

A. El verbo *to be* y los verbos modales

To be + sujeto + (verbo principal) + complemento (directo, indirecto, circunstancial, etc.)

Are + we   + *ready?* (adjetivo en función de complemento)
¿Estamos listos?

Is + she	+ *Dr. Rodríguez?* (nombre en función de
¿Es ella la Dra. Rodríguez?	complemento)
Can + you + help	+ *me?* (pronombre en función de complemento)
¿Puede usted ayudarme?	
Should + I + read	+ *that book?* (nombre en función de complemento)
¿Debería yo leer ese libro?	

B. Otros verbos.

NOTA: para negar cualquiera de estas oraciones:

informal: use " *'nt* " después de cualquier forma verbal excepto *am. Isn't that man Professor Smith?* Con *am* hay que decir *Am I not?* o, en el estilo muy familiar, *aren't I?*

formal: La estructura formal requiere que se coloque *not* después del sujeto. (*Is that man not Professor Smith?* ¿No es ese señor el profesor Smith?)

auxiliar +	sujeto +	verbo principal +	complemento
Is (Isn't)	*he*	*feeling*	*happy?*
¿(No) se siente él feliz?			
Is (Isn't)	*she*	*helping*	*her father?*
¿(No) ayuda ella a su padre?			
Do (Don't)	*they*	*like*	*Chicago?*
¿(No) les gusta Chicago?			
Have (Haven't)	*you*	*finished*	*your homework?*
¿(No) has terminado tu tarea?			

III. La oración imperativa o exhortativa (los mandatos). Al verbo siempre le sigue un signo de exclamación (!).

Verbo:	*Stop!* (Esto se considera una oración completa.) ¡Para!
Verbo + complemento dir./ind.	*Stop that!* (complemento directo) ¡Para eso!
Verbo + complemento circunstancial	*Be quiet!* (complemento circunstancial) ¡Silencio/Cállate/Cállense/Callaros!

Para explicaciones y diagramas que muestran el orden de las diferentes partes al interior de grupos de palabras, busque las secciones que llevan uno de los títulos siguientes —"Sintaxis", "Sintaxis de…"— en los capítulos que se enumeran a continuación:

Adjetivos (pág. 45)
Adverbios (pág. 63)
Pronombres (pág. 21)
Preposiciones (pág. 77)
Verbos (pág. 81)